İspanyol Mutfağı
Lezzet Yolculuğu

Canan Başaran

İÇİNDEKİLER

POCHAS A LA NAVARRA

İÇİNDEKİLER

400 gr fasulye

1 yemek kaşığı kırmızı biber

5 diş sarımsak

1 İtalyan yeşil biberi

1 kırmızı biber

1 temiz pırasa

1 havuç

1 soğan

1 büyük domates

zeytin yağı

Tuz

detaylandırma

Fasulyeleri güzelce temizleyin. Biber, soğan, pırasa, domates ve havuçla birlikte bir tencerede üzerini suyla kaplayın. Yaklaşık 35 dakika kadar pişirelim.

Sebzeleri çıkarıp doğrayın. Daha sonra tekrar çorbaya ekleyin.

Sarımsakları ince ince doğrayıp az yağda kavurun. Ateşten alıp toz biberi ekleyin. 5 parçayı kızartın ve pochalara ekleyin. Doğru tuz.

Bunlar taze baklagiller olduğu için pişirme süresi çok daha kısadır.

LENSLER

İÇİNDEKİLER

500g mercimek

1 yemek kaşığı kırmızı biber

1 büyük havuç

1 orta boy soğan

1 büyük biber

2 diş sarımsak

1 büyük patates

1 porsiyon jambon

1 sosis

1 siyah puding

domuz pastırması

1 defne yaprağı

Tuz

detaylandırma

İnce doğranmış sebzeleri hafif yumuşayana kadar kızartın. Biberi ekleyin ve 1 ½ lt su ekleyin (sebze suyu veya et suyu ile değiştirilebilir). Mercimek, et, jambon ucu ve defne yaprağını ekleyin.

Chorizo ve siyah pudingi kırılmamaları için yumuşak olduklarında çıkarın ve ayırın. Mercimekler iyice pişene kadar pişirmeye devam edin.

Patates küplerini ekleyin ve 5 dakika daha pişirin. Bir çimdik tuz ekle.

Özel bir dokunuş katmak için, pişirme sırasında mercimeğe 1 çubuk tarçın ekleyin.

MANTARLI FASULYE MUSAKA

İÇİNDEKİLER

250 gr pişmiş kırmızı fasulye

500 gr ev yapımı domates sosu

200 gr mantar

100 gr rendelenmiş peynir

½ bardak kırmızı şarap

2 patlıcan

2 diş sarımsak

1 büyük soğan

½ yeşil biber

½ sarı biber

¼ kırmızı biber

1 defne yaprağı

süt

kekik

zeytin yağı

tuz ve biber

detaylandırma

Patlıcanları dilimler halinde kesip tuzlu sütün içine koyun ki acılarını
kaybedsin.

Soğanı, sarımsağı ve biberi ayrı ayrı doğrayıp tavada kızartın. Mantarları ekleyip kavurmaya devam edin. Şarabı dökün ve yüksek ateşte kaynamaya bırakın. Domates sosu, kekik ve defne yaprağını ekleyin. 15 dakika pişmeye bırakın. Ateşten alıp fasulyeleri ekleyin. Mevsim.

Bu arada patlıcan dilimlerini iyice süzüp kurutun ve az yağda iki tarafı da kızartın.

Fasulye ve patlıcanı tüm malzemeler bitene kadar bir fırın tepsisine dizin. Bir patlıcan tabakasıyla bitirin. Rendelenmiş peynir serpin ve pişirin.

KANDIRMAK

Bu tarif, diğer müstahzarlardan arta kalan mercimek veya baklagillerle harika gider.

NÖBET POTAJE

1 kg nohut

1 kg morina

500 gr ıspanak

50 gr badem

3 litre duman

2 yemek kaşığı domates sosu

1 yemek kaşığı kırmızı biber

3 dilim kızarmış ekmek

2 diş sarımsak

1 yeşil biber

1 soğan

1 defne yaprağı

zeytin yağı

Tuz

detaylandırma

Nohutları 24 saat suda bekletin.

Orta ateşte bir tencerede, küçük küpler halinde kesilmiş soğanları, sarımsakları ve biberleri kızartın. Biberleri, defne yaprağını ve domates sosunu ekleyip balık suyunu dökün. Kaynamaya başlayınca nohutları ekleyin. Neredeyse yumuşayınca morina ve ıspanağı ekleyin.

Bu arada bademleri kızarmış ekmekle ezin. Doğrayıp çorbaya ekleyin. 5 dakika daha pişirin ve tuzlayın.

KANDIRMAK

Nohutlar kaynar su ile birlikte tencereye ilave edilmelidir, aksi halde sertleşip kabuğunu çok çabuk kaybederler.

COCKLES'Lİ POCHA'LAR

400 gr fasulye

500 gr buruşuk

½ bardak beyaz şarap

4 diş sarımsak

1 küçük yeşil biber

1 küçük domates

1 soğan

1 pırasa

1 acı biber

doğranmış taze maydanoz

zeytin yağı

detaylandırma

Fasulyeyi, dolmalık biberi, ½ soğanı, temiz pırasayı, 1 diş sarımsağı ve domatesi bir tencereye koyun. Üzerini soğuk suyla örtün ve baklagiller yumuşayana kadar yaklaşık 35 dakika pişirin.

Ayrı olarak soğanın diğer yarısını, kırmızı biberi ve kalan çok ince doğranmış sarımsağı yüksek ateşte kızartın. Kırışıkları ekleyin ve şarapla yıkayın.

Köfteleri soslarıyla birlikte pochalara ekleyin, maydanozu ekleyin ve 2 dakika daha pişirin. Doğru tuz.

KANDIRMAK

Kırışıkları 2 saat boyunca soğuk tuzlu suya batırın, böylece içindeki tüm
toprağı salıversinler.

COD AJOARRIERO

İÇİNDEKİLER

400g tuzdan arındırılmış morina gevreği

2 yemek kaşığı sulu chorizo biberi

2 yemek kaşığı domates sosu

1 yeşil biber

1 kırmızı biber

1 diş sarımsak

1 soğan

1 kırmızı biber

zeytin yağı

Tuz

detaylandırma

Sebzeleri juliana şeklinde kesin ve orta ateşte iyice yumuşayana kadar kızartın. Tuzlama için.

Yemek kaşığı chorizo biberi, domates sosu ve kırmızı biberi ekleyin. Ufalanmış morina ekleyin ve 2 dakika pişirin.

KANDIRMAK

Lezzetli bir empanada yapmak için mükemmel bir dolgudur.

Şeri ile buğulanmış midyeler

İÇİNDEKİLER

750 gr buruşuk

600 ml Jerez şarabı

1 defne yaprağı

1 diş sarımsak

1 limon

2 yemek kaşığı zeytinyağı

Tuz

detaylandırma

Kırışıklıkları temizleyin.

Isıtılmış bir tavaya 2 yemek kaşığı yağ ekleyin ve doğranmış sarımsakları hafifçe kızartın.

Aniden kırışıkları, şarabı, defne yaprağını, limonu ve tuzu ekleyin. Kapağını kapatıp açılana kadar pişirin.

Köfteleri sosla birlikte servis edin.

KANDIRMAK

Durulama, kum ve yabancı maddeleri uzaklaştırmak için midyelerin bol miktarda tuz içeren soğuk suya batırılmasını içerir.

SEEFEL'DEN KARİDES İLE ALDIĞIM HERŞEY

Balık stoğu için

15 karides kafası ve gövdesi

Maymun balığı veya beyaz balığın 1 baş veya 2 kuyruk dikeni

Ketçap

1 adet taze soğan

1 pırasa

Tuz

Güveç için

1 büyük maymunbalığı kuyruğu (veya 2 küçük kuyruk)

Karides gövdesi

1 yemek kaşığı tatlı kırmızı biber

8 diş sarımsak

4 büyük patates

3 dilim ekmek

1 acı biber

soyulmamış badem

zeytin yağı

tuz ve biber

Balık stoğu için

Karides gövdelerini ve domates sosunu kızartarak balık suyunu hazırlayın. Maymunbalığının dikenlerini veya başını ve jülyen doğranmış sebzeleri ekleyin. Üzerini geçecek kadar su koyup 20 dakika pişirin, süzün ve tuzlayın.

Güveç için

Kesilmemiş sarımsakları bir tavada kızartın. Kalkış ve rezervasyon yapın. Bademleri de aynı yağda kızartın. Kalkış ve rezervasyon yapın.

Ekmekleri aynı yağda kızartın. Geri çekilmek.

Sarımsağı, bir avuç bütün ve soyulmamış bademi, ekmek dilimlerini ve acı biberi havanda ezin.

Sarımsakları kızartmak için kullandığınız yağda kırmızı biberi yakmamaya dikkat ederek hafifçe kızartın ve et suyuna ekleyin.

Önbellek patateslerini ekleyin ve yumuşayana kadar pişirin. Biberli maymunbalığını ekleyin ve 3 dakika pişirin. Majado ve karidesleri ekleyip sos koyulaşana kadar 2 dakika daha pişirin. Tuz serpin ve sıcak olarak servis yapın.

KANDIRMAK

Sadece patatesleri kaplayacak kadar et suyu kullanın. Bu tarif için en sık kullanılan balık yılan balığıdır ancak köpek balığı veya yılan balığı gibi herhangi bir etli balıkla da yapılabilir.

Kavrulmuş Çipura

1 çipura temiz, çekirdeği çıkarılmış ve pulları alınmış

25 gr ekmek kırıntısı

2 diş sarımsak

1 kırmızı biber

Sirke

zeytin yağı

Tuz

detaylandırma

Çipuranın içini ve dışını tuzlayıp yağlayın. Üzerine galeta ununu serpip 180°C fırında 25 dakika pişirin.

Bu arada dilimlenmiş sarımsakları ve biberleri orta ateşte soteleyin. Ocaktan bir miktar sirke dökün ve çipurayı bu sosla baharatlayın.

KANDIRMAK

Keskileme, balığın daha hızlı pişmesine yardımcı olmak için balığın tüm genişliği boyunca kesimler yapılmasını içerir.

Marinera'da midye

1kg midye

1 küçük bardak beyaz şarap

1 yemek kaşığı un

2 diş sarımsak

1 küçük domates

1 soğan

½ kırmızı biber

Boya veya safran (isteğe bağlı)

zeytin yağı

Tuz

detaylandırma

Midyeleri bol tuzlu soğuk suda birkaç saat bekleterek üzerindeki toprak kalıntılarını giderin.

Midyeler temizlendikten sonra şarap ve ¼ litre su ile pişirilir. Açılır açılmaz sıvıyı çıkarın ve saklayın.

Soğanı, sarımsağı ve domatesi küçük parçalar halinde doğrayıp az yağda kızartın. Biber ekleyin ve iyice pişene kadar pişirin.

Bir yemek kaşığı unu ekleyip 2 dakika daha pişirin. Midyelerin pişirme suyuyla banyo yapın. 10 dakika pişirin ve tuzlayın. Midyeleri ekleyip bir dakika daha pişirin. Şimdi gıda boyasını veya safranı ekleyin.

KANDIRMAK

Beyaz şarap tatlı bir şarapla değiştirilebilir. Sos çok iyi.

Pilpilli morina

4 veya 5 tuzdan arındırılmış morina filetosu

4 diş sarımsak

1 kırmızı biber

½ l zeytinyağı

detaylandırma

Sarımsakları ve biberleri zeytinyağında kısık ateşte kızartın. Bunları çıkarın ve yağın hafifçe soğumasını bekleyin.

Morina filetolarını derileri yukarı bakacak şekilde ekleyin ve kısık ateşte 1 dakika pişirin. Ters çevirin ve 3 dakika daha bekletin. Kızartılmaması, yağda pişirilmesi önemlidir.

Morina balığını çıkarın ve morinanın saldığı beyaz madde (jelatin) geriye kalana kadar yağı yavaş yavaş boşaltın.

Ateşten alın ve bir elek kullanarak, çırpma teli kullanarak veya kendi dairesel hareketlerinizle çırpın, yavaş yavaş dökülen yağı ekleyerek karıştırın. Pilpil'i sürekli karıştırarak 10 dakika çırpın.

Her şey hazır olduğunda morina balığını tekrar koyun ve bir dakika daha karıştırın.

KANDIRMAK

Farklı bir dokunuş vermek için morina balığının pişirileceği yağa jambon kemiği veya bazı aromatik otlar ekleyin.

Bira hamurunda hamsi

İÇİNDEKİLER

Hamsileri dikensiz temizleyin

1 kutu çok soğuk bira

Un

zeytin yağı

Tuz

detaylandırma

Birayı bir kaseye koyun ve bir çırpma teli ile sürekli karıştırarak hamsi içine emildiğinde zar zor damlayan kalın bir karışım oluşana kadar unu ekleyin.

Son olarak bol yağ ve tuzda kızartın.

KANDIRMAK

Her türlü bira kullanılabilir. Siyahla muhteşem görünüyor.

MÜREKKEPİNDEKİ KALAMAR

İÇİNDEKİLER

1 ½ kg bebek kalamar

1 bardak beyaz şarap

3 yemek kaşığı domates sosu

Kalamar mürekkebi ile 4 zarf

2 soğan

1 kırmızı biber

1 yeşil biber

1 defne yaprağı

zeytin yağı

tuz ve biber

detaylandırma

İnce doğranmış soğanları ve biberleri kısık ateşte kavurun. Kavrulunca temizlenmiş ve doğranmış kalamarları ekleyin. Isıyı ve mevsimi artırın.

Beyaz şarabı ekleyin ve azalmasına izin verin. Domates sosunu, kalamar mürekkebi paketlerini ve defne yaprağını ekleyin. Kalamarlar yumuşayıncaya kadar kapağını kapatıp kısık ateşte pişirin.

KANDIRMAK

İyi bir makarnayla, hatta patates kızartmasıyla bile servis edilebilirler.

COD CLUB RANERO

Pilpil'de morina balığı

10 adet olgun asma domates

4 adet chorizo biber

2 yeşil biber

2 kırmızı biber

2 soğan

Şeker

Tuz

detaylandırma

Domatesleri ve biberleri 180°C'de yumuşayana kadar kavurun.

Biberler kavrulduktan sonra üzeri kapalı olarak 30 dakika dinlendirin, kabuğunu çıkarın ve şeritler halinde kesin.

Domatesleri soyun ve ince dilimler halinde kesin. İnce şeritler halinde kesilmiş soğanlar ve chorizo biberlerinin posası (önceden 30 dakika sıcak suya batırılmış) ile birlikte kızartın.

Şeritler halinde kesilmiş közlenmiş biberleri ekleyin ve 5 dakika pişirin. Tuz ve şekeri düzeltin.

Pilili morina balığı ve biberle birlikte ısıtın.

Pilili biberlerle birleştirip ya da taban olarak koyup üzerine morina balığını yerleştirip pilpille sos yapabilirsiniz. Aynı zamanda iyi bir ratatouille ile de çalışır.

TABANDAN TURUNCUYA

4 taban

110g tereyağı

110 ml fumet

1 yemek kaşığı kıyılmış taze maydanoz

1 çay kaşığı kırmızı biber

2 büyük portakal

1 küçük limon

Un

tuz ve biber

detaylandırma

Tereyağını bir tavada eritin. Tabanları unlayın ve baharatlayın. Her iki tarafta tereyağında kızartın. Kırmızı biber, portakal ve limon suyu ve fumet ekleyin.

Sos hafif koyulaşıncaya kadar orta ateşte 2 dakika pişirin. Maydanozla süsleyip hemen servis yapın.

KANDIRMAK

Narenciye meyvelerinden daha fazla meyve suyu elde etmek için onları 10 saniye boyunca tam güçte mikrodalgada tutun.

Hake A LA RIOJANA

4 hake filetosu

100 mi beyaz şarap

2 domates

1 kırmızı biber

1 yeşil biber

1 diş sarımsak

1 soğan

Şeker

zeytin yağı

tuz ve biber

detaylandırma

Soğanı, biberi ve sarımsağı ince ince doğrayın. Her şeyi bir tavada orta ateşte 20 dakika kızartın. Isıyı artırın, şarapla nemlendirin ve kuruyana kadar kaynamaya bırakın.

Rendelenmiş domatesleri ekleyip suyunu çekene kadar pişirin. Asidikse tuz, karabiber ve şekerle düzeltin.

Sığır filetosu parçalarını bir tavada, dışı altın rengi kahverengi olana ve içi sulu olana kadar kızartın. Sebzelerle birlikte servis yapın.

Tuzun daha eşit dağılması için pişirmeden 15 dakika önce hake'yi tuzlayın.

Çilek soslu morina

İÇİNDEKİLER

4 tuzdan arındırılmış morina filetosu

400 gr esmer şeker

200 gr çilek

2 diş sarımsak

1 portakal

Un

zeytin yağı

detaylandırma

Çilekleri portakal suyu ve şekerle karıştırın. 10 dakika pişirin ve çıkarın.

Sarımsakları rendeleyin ve tavada az yağda kızartın. Kalkış ve rezervasyon yapın. Unlu morina balığını aynı yağda kızartın.

Morina balığını ayrı bir kapta sosla birlikte servis edin ve üzerine sarımsakları koyun.

KANDIRMAK

Çilekleri acı portakal reçeli ile değiştirebilirsiniz. O zaman tek yapmanız gereken 100 gr esmer şeker kullanmak.

Alabalık turşusu

İÇİNDEKİLER

4 alabalık

½ litre beyaz şarap

¼ litre sirke

1 küçük soğan

1 büyük havuç

2 diş sarımsak

4 karanfil

2 adet defne yaprağı

1 dal kekik

Un

¼ litre zeytinyağı

Tuz

detaylandırma

Alabalıkları tuzlayıp unlayın. Her iki tarafını da 2'şer dakika yağda kızartın (içerisi çiğ kalmalıdır). Kalkış ve rezervasyon yapın.

Julienne sebzelerini aynı yağda 10 dakika kızartın.

Sirke ve şarapla banyo yapın. Bir tutam tuz, otlar ve baharatlarla tatlandırın. 10 dakika daha kısık ateşte pişirin.

Alabalık ekleyin, kapağını kapatın ve 5 dakika daha pişirin. Ateşten alıp soğuk olarak servis yapın.

Bu tarifi bir gecede tüketmek en iyisidir. Dinlenmek ona daha fazla lezzet verir. Artıkları lezzetli bir marine edilmiş alabalık salatası yapmak için kullanın.

Bilbao tarzı çipura

İÇİNDEKİLER

1 adet 2 kg'lık çipura

½ litre beyaz şarap

2 yemek kaşığı sirke

6 diş sarımsak

1 kırmızı biber

2 dl zeytinyağı

Tuz

detaylandırma

Çipurayı parçalara ayırın, tuzlayın, biraz yağ ekleyin ve 200 °C'de 20-25 dakika pişirin. Yavaş yavaş şarapla yıkanın.

Bu arada dilimlenmiş sarımsakları biberle birlikte 2 dl yağda kızartın. Çipuranın üzerine sirke ve sosu gezdirin.

KANDIRMAK

Keskileme, pişirmeyi kolaylaştırmak için balıkta kesikler yapmayı içerir.

KARİDES SCAMPİ

İÇİNDEKİLER

250 gr karides

3 diş sarımsak filetosu

1 limon

1 kırmızı biber

10 yemek kaşığı zeytinyağı

Tuz

detaylandırma

Soyulmuş karidesleri bir kaseye koyun, bolca tuzlayın ve limon suyunu ekleyin. Kaldırmak.

Dilimlenmiş sarımsakları ve biberleri bir tavada kızartın. Renk almadan önce karidesleri ekleyip 1 dakika kızartın.

KANDIRMAK

Onlara daha fazla lezzet katmak için karidesleri kızartmadan önce 15 dakika tuz ve limonla yumuşatın.

Morina böreği

İÇİNDEKİLER

100 gr tuzdan arındırılmış morina kırıntıları halinde

100 gr taze soğan

1 yemek kaşığı taze maydanoz

1 şişe soğuk bira

boya

Un

zeytin yağı

tuz ve biber

detaylandırma

Morina balığı, frenk soğanı ve çok kıyılmış maydanozu bir kaseye, biraya, bir tutam boyaya, tuza ve karabibere koyun.

Hafif kalın bir yulaf lapasına benzer kıvamda (damlamayan) bir hamur elde edene kadar sürekli karıştırarak, her seferinde bir çorba kaşığı un ekleyin ve karıştırın. 20 dakika soğukta bekletin.

Bol yağda kızartın ve kaşık dolusu hamur ekleyin. Altın rengi kahverengi olduğunda çıkarın ve emici kağıdın üzerine yerleştirin.

KANDIRMAK

Bira yoksa limonatayla da yapılabilir.

ALTIN COD

400g tuzdan arındırılmış ve ufalanmış morina

6 yumurta

4 orta boy patates

1 soğan

Taze maydanoz

zeytin yağı

Tuz

detaylandırma

Patatesleri soyun ve şeritler halinde kesin. Suyu şeffaflaşana kadar iyice yıkayıp, ardından bol kızgın yağda kızartın. Tuzlu mu olsun.

Jülyen doğranmış soğanı kavurun. Isıyı arttırın, ufalanmış morina ekleyin ve hiç sıvı kalmayana kadar pişirin.

Ayrı bir kapta yumurtaları çırpın, morina balığı, patates ve soğanı ekleyin. Bir tavada çok hafif kıvrılmasını sağlayın. Tuzla tatlandırın ve doğranmış taze maydanozla tamamlayın.

KANDIRMAK

Sulu olabilmesi için hafifçe pıhtılaşması gerekir. Patatesler çıtırlığını kaybetmesin diye sonuna kadar tuzlanmıyor.

BASK TARZI YENGEÇ

İÇİNDEKİLER

1 örümcek yengeç

500 gr domates

75g Serrano jambonu

50 gr taze kırıntı (veya galeta unu)

25 gr tereyağı

1½ bardak brendi

1 yemek kaşığı maydanoz

1/8 soğan

½ diş sarımsak

tuz ve biber

detaylandırma

Örümcek yengeçlerini (100g başına 1 dakika) 2L suda 140g tuzla kaynatın. Eti soğumaya bırakın ve çıkarın.

Küçük parçalar halinde kesilmiş soğanları ve sarımsakları, ince jülyen şeritler halinde kesilmiş jambonla birlikte kızartın. Rendelenmiş domatesleri ve doğranmış maydanozu ekleyip kuru bir macun oluşuncaya kadar pişirin.

Örümcek yengeç etini ekleyin, brendi ve alevle nemlendirin. Ocaktan alınan kırıntıların yarısını ekleyin ve örümcek yengeçlerini bunlarla doldurun.

Kalan kırıntıyı serpin ve üzerine parçalar halinde kesilmiş tereyağını yayın. Yüzeyi altın kahverengi olana kadar fırında gratine edin.

Ayrıca iyi bir İber sucuğuyla hazırlanabilir ve hatta füme peynirle doldurulabilir.

SİRKEDE HAMSİ

İÇİNDEKİLER

12 hamsi

300 cl şarap sirkesi

1 diş sarımsak

Kıyılmış maydanoz

Sızma zeytinyağı

1 çay kaşığı tuz

detaylandırma

Temiz hamsileri su ve tuzla seyreltilmiş sirke ile birlikte düz bir tabağa koyun. Buzdolabında 5 saat saklayın.

Bu arada ince kıyılmış sarımsak ve maydanozu yağda bekletin.

Hamsileri sirkeden çıkarın ve yağ ve sarımsakla kaplayın. Tekrar 2 saat daha buzdolabına koyun.

KANDIRMAK

Hamsileri su berraklaşana kadar birkaç kez yıkayın.

COD MARKASI

¾ kg tuzdan arındırılmış morina balığı

1dl süt

2 diş sarımsak

3dl zeytinyağı

Tuz

detaylandırma

Yağı sarımsakla birlikte küçük bir tencerede orta ateşte 5 dakika ısıtın.
Morina ekleyin ve çok kısık ateşte 5 dakika daha pişirin.

Sütü ısıtın ve blender bardağına dökün. Derisiz morina ve sarımsağı ekleyin.
İnce bir hamur oluşuncaya kadar çırpın.

Pürüzsüz bir hamur elde edene kadar çırpmayı bırakmadan yağı ekleyin.
Tuzla tatlandırın ve maksimum güçte fırında gratine edin.

KANDIRMAK

Kızartılmış ekmeğin üzerinde yenebilir ve biraz aioli ile tatlandırılabilir.

ADOBO'DA SEZON (BIENMESABE)

500 gr köpek balığı

1 bardak sirke

1 seviye yemek kaşığı öğütülmüş kimyon

1 seviye yemek kaşığı tatlı kırmızı biber tozu

1 seviye yemek kaşığı kekik

4 defne yaprağı

5 diş sarımsak

Un

zeytin yağı

Tuz

detaylandırma

Daha önce kesip temizlediğiniz köpek balıklarını derin bir kaba koyun.

Bir avuç tuz ve çay kaşığı kırmızı biber, kimyon ve kekik ekleyin.

Sarımsakları kabuğuyla ezin ve kaba ekleyin. Defne yapraklarını da kırıp ekleyin. Son olarak bir bardak sirke ve bir bardak daha su ekleyin. Bir gece dinlenmeye bırakın.

Köpek balığı parçalarını kurutun, unlayın ve kızartın.

Kimyon taze çekilmişse sadece ¼ çorba kaşığı ekleyin. Pomfret veya maymunbalığı gibi diğer balıklarla da hazırlanabilir.

Turşu narenciye ve ton balığı

800 gr ton balığı (veya taze ton balığı)

70 ml sirke

140 mi şarap

1 havuç

1 pırasa

1 diş sarımsak

1 portakal

½ limon

1 defne yaprağı

70 mi yağ

Tuz ve karabiber

detaylandırma

Havucu, pırasayı ve sarımsağı çubuk şeklinde doğrayıp az yağda kızartın. Sebzeler yumuşayınca sirke ve şarabı ekleyin.

Defne yaprağını ve biberi ekleyin. Tuz ekleyip 10 dakika daha pişirin. Narenciyenin kabuğunu ve suyunu ekleyip ton balığını 4 parçaya bölün. 2 dakika daha pişirin ve üstü kapalı olarak ocaktan alıp dinlenmeye bırakın.

Lezzetli bir tavuk turşusu yapmak için aynı adımları izleyin. Tek yapmanız gereken, marine edilmiş güvece eklemeden önce tavuğu kızartmak ve 15 dakika daha pişirmektir.

KARİDES YAĞMURLUK

İÇİNDEKİLER

500 gr karides

100g un

½ dl soğuk bira

boya

zeytin yağı

Tuz

detaylandırma

Karidesleri kuyruğun ucunu çıkarmadan soyun.

Unu, biraz renklendiriciyi ve tuzu bir kasede karıştırın. Birayı kesintisiz olarak yavaş yavaş ekleyin.

Karidesleri kuyruğundan tutarak önceki hamurdan geçirin ve bol yağda kızartın. Altın rengi kahverengi olduğunda çıkarın ve emici kağıt üzerinde saklayın.

KANDIRMAK

Unun içerisine 1 çay kaşığı köri veya kırmızı biber ekleyebilirsiniz.

Fesleğenli Ton Balığı

125 gr yağda konserve ton balığı

½ litre süt

4 yumurta

1 dilim dilimlenmiş ekmek

1 yemek kaşığı rendelenmiş parmesan

4 taze fesleğen yaprağı

Un

zeytin yağı

tuz ve biber

detaylandırma

Ton balığını süt, yumurta, dilimlenmiş ekmek, parmesan ve fesleğenle karıştırın. Tuz ve karabiber ekleyin.

Hamuru önceden yağlanmış ve unlanmış kalıplara dökün ve 170 °C'deki su banyosunda 30 dakika pişirin.

KANDIRMAK

Bu tarifi konserve midye veya sardalye ile de yapabilirsiniz.

SADECE MENİER

6 taban

250 gr tereyağı

50 gr limon suyu

2 yemek kaşığı ince kıyılmış maydanoz

Un

tuz ve biber

detaylandırma

Kafalarından ve derilerinden çıkarılan tabanları tuzlayın, karabiberleyin ve unlayın. Orta ateşte eritilmiş tereyağında unu yakmamaya dikkat ederek her iki tarafını da kızartın.

Balıkları çıkarın ve tavaya limon suyu ve maydanoz ekleyin. Karıştırmayı bırakmadan 3 dakika pişirin. Balıkları sosla birlikte tabaklara dizin.

KANDIRMAK

Tarife lezzetli bir dokunuş vermek için biraz kapari ekleyin.

CAVA'DA SOMON BÖLÜMÜ

İÇİNDEKİLER

2 somon filetosu

½ litre kava

100 mi krema

1 havuç

1 pırasa

zeytin yağı

tuz ve biber

detaylandırma

Somonu baharatlayın ve her iki tarafını da kızartın. Rezervasyonlar.

Havucu ve pırasayı uzun, ince çubuklar halinde kesin. Somonu pişirmek için kullandığınız yağda sebzeleri 2 dakika kızartın. Kavayı ekleyin ve yarı yarıya azalmasına izin verin.

Kremayı ekleyin, 5 dakika pişirin ve somonu ekleyin. 3 dakika daha pişirin ve tuz ve karabiberle tatlandırın.

KANDIRMAK

Somonu 12 dakika buharda pişirip yanına bu sosla eşlik edebilirsiniz.

PIQUILLOS'LU BILBAO MUM levrek

İÇİNDEKİLER

4 adet levrek

1 yemek kaşığı sirke

4 diş sarımsak

Piquillo biberleri

125ml zeytinyağı

tuz ve biber

detaylandırma

Levreklerin fileto parçalarını çıkarın. Tuz ve karabiberle tatlandırın ve bir tavada yüksek ateşte dışı altın rengine, içi sulu oluncaya kadar kızartın. Kaldırın ve rezerve edin.

Sarımsakları lamine edin ve balıkla aynı yağda hafifçe kızartın. Sirke ile nemlendirin.

Biberleri de aynı tavada kızartın.

Levrek filetolarını üzerine sos, yanında biberleri koyarak servis yapın.

KANDIRMAK

Bilbao sosu önceden yapılabilir; Daha sonra tek yapmanız gereken ısıtmak ve servis etmek.

VINAIGRETTE'DEKİ Midye

İÇİNDEKİLER

1kg midye

1 küçük bardak beyaz şarap

2 yemek kaşığı sirke

1 küçük yeşil biber

1 büyük domates

1 küçük taze soğan

1 defne yaprağı

6 yemek kaşığı zeytinyağı

Tuz

detaylandırma

Midyeleri yeni bir süngerle iyice temizleyin.

Midyeleri şarap ve defne yaprağıyla birlikte bir tencereye koyun. Kapağını kapatıp yüksek ateşte kapakları açılıncaya kadar pişirin. Kaselerden birini saklayın ve atın.

Domates, taze soğan ve biberi ince ince doğrayarak salata sosu hazırlayın. Sirke, yağ ve tuzla tatlandırın. Karıştırıp midyelerin üzerine dökün.

KANDIRMAK

Lezzetini arttırmak için bir gece bekletin.

MARMİTAKO

İÇİNDEKİLER

300 gr ton balığı (veya palamut)

1 litre balık suyu

1 yemek kaşığı chorizo biber

3 büyük patates

1 büyük kırmızı biber

1 büyük yeşil biber

1 soğan

zeytin yağı

tuz ve biber

detaylandırma

Soğanı ve kare şeklinde doğradığınız biberleri kavurun. Bir çorba kaşığı chorizo biberini ve soyulmuş ve önbellek patateslerini ekleyin. 5 dakika karıştırın.

Balık suyuyla nemlendirin ve kaynamaya başladıktan sonra tuz ve karabiberle tatlandırın. Patatesler pişene kadar kısık ateşte pişirin.

Isıyı kapatın ve ardından doğranmış ve terbiyeli ton balığını ekleyin. Servis yapmadan önce 10 dakika dinlendirin.

KANDIRMAK

Ton balığı somonla değiştirilebilir. Sonuç şaşırtıcı.

TUZDA levrek

İÇİNDEKİLER

1 adet levrek

600 gr kaba tuz

detaylandırma

Balıkların bağırsaklarını çıkarın ve temizleyin. Bir tabağa bir miktar tuz koyun, üzerine levrek koyun ve kalan tuzu kapatın.

Tuz sertleşip kırılıncaya kadar 220°C'de pişirin. 100g balık başına yaklaşık 7 dakikadır.

KANDIRMAK

Tuzda pişirirken balığın pullarını çıkarmamalısınız çünkü pullar eti yüksek sıcaklıktan korur. Tuzu otlar ile baharatlayabilir veya yumurta akı ekleyebilirsiniz.

BUĞULANMIŞ MİDYE

İÇİNDEKİLER

1kg midye

1dl beyaz şarap

1 defne yaprağı

detaylandırma

Midyeleri yeni bir süngerle iyice temizleyin.

Midyeleri, şarabı ve defne yaprağını sıcak bir güveç kabına koyun. Kapağını kapatıp yüksek ateşte kapakları açılıncaya kadar pişirin. Açılmamış olanları atın.

KANDIRMAK

Belçika'da çok popüler bir yemektir ve yanında iyi patates kızartması da bulunur.

Galiçya konumundan Hake

İÇİNDEKİLER

4 dilim hake

600 gr patates

1 çay kaşığı kırmızı biber

3 diş sarımsak

1 orta boy soğan

1 defne yaprağı

6 yemek kaşığı sızma zeytinyağı

tuz ve biber

detaylandırma

Bir tencerede suyu ısıtın; Dilimlenmiş patatesleri, jülyen doğranmış soğanı, tuzu ve defne yaprağını ekleyin. Her şey yumuşayana kadar 15 dakika kısık ateşte pişirin.

Baharatlı hake dilimlerini ekleyin ve 3 dakika daha pişirin. Patatesleri ve hakeyi boşaltın ve her şeyi toprak bir tencereye koyun.

Dilimlenmiş veya kıyılmış sarımsakları bir tavada soteleyin; Altın kahverengi olduğunda ocaktan alın. Toz biberi ekleyip karıştırın ve bu sosu balığın üzerine dökün. Biraz pişirme suyuyla hızlı bir şekilde servis yapın.

KANDIRMAK

Su miktarının sadece balık dilimlerinin ve patateslerin üzerini kaplayacak kadar olması önemlidir.

Hake a la koskera

1 kg hake

100 gr pişmiş bezelye

100 gr soğan

100 gr midye

100 gr karides

1 dl fumet

2 yemek kaşığı maydanoz

2 diş sarımsak

8 kuşkonmaz ipucu

2 adet haşlanmış yumurta

Un

tuz ve biber

detaylandırma

Hake'yi dilimler veya sığır filetosu parçalarına kesin. Baharat ve un.

Soğanı ve ince kıyılmış sarımsakları bir tencerede yumuşayıncaya kadar soteleyin. Ateşi arttırıp balıkları ekleyin ve her iki tarafını da hafifçe kızartın.

Et suyunu ekleyin ve sosu koyulaştırmak için tencereyi sürekli hareket ettirerek 4 dakika pişirin. Soyulmuş karidesleri, kuşkonmazı, temizlenmiş midyeleri, bezelyeleri ve dörde bölünmüş yumurtaları ekleyin. Tekrar 1 dakika pişirin ve üzerine kıyılmış maydanoz serpin.

Tuzun daha eşit dağılması için pişirmeden 20 dakika önce hake'yi tuzlayın.

SARIMSAKLI LİMONLU BIÇAK

İÇİNDEKİLER

2 düzine tıraş makinesi

2 diş sarımsak

2 dal maydanoz

1 limon

Sızma zeytinyağı

Tuz

detaylandırma

Önceki gece, kalan kumları temizlemek için tıraş makinelerini soğuk su ve tuzla dolu bir kaseye koyun.

Drenaj yapın, bir tencereye koyun, üzerini örtün ve orta ateşte, açılıncaya kadar ısıtın.

Bu arada sarımsak ve maydanoz dallarını doğrayıp limon suyu ve zeytinyağıyla karıştırın. Ustura istiridyelerini bu sosla baharatlayın.

KANDIRMAK

Hollandaise veya Béarnaise sosuyla lezzetli oluyorlar (sayfa 532 ve 517).

Akrep balığı tatlısı

500g başsız ejderha kafası

125 ml domates sosu

¼ litre krema

6 yumurta

1 havuç

1 pırasa

1 soğan

Galeta unu

zeytin yağı

tuz ve biber

detaylandırma

Akrep balığını temizlenmiş ve doğranmış sebzelerle birlikte 8 dakika pişirin. Tuzlama için.

Akrep balığının etini (derisiz ve kılçıksız) ufalayın. Yumurta, krema ve domates sosuyla birlikte bir kaseye koyun. Doğrayıp tuz ve karabiberle tatlandırın.

Bir kalıbı yağlayın ve ekmek kırıntılarını serpin. Önceki hamuru doldurun ve fırında 175°C'deki su banyosunda 50 dakika veya iğneyle delindiğinde hamur temiz çıkana kadar pişirin. Soğuk veya ılık servis yapın.

Akrep balığını başka balıklarla değiştirebilirsiniz

Yumuşak sarımsak kremalı maymunbalığı

İÇİNDEKİLER

4 küçük maymunbalığının kuyruğu

50 gr siyah zeytin

400 mi krema

12 diş sarımsak

tuz ve biber

detaylandırma

Sarımsakları soğuk suda pişirin. Kaynamaya başlayınca suyunu çıkarıp atın. Aynı işlemi üç kez tekrarlayın.

Daha sonra sarımsakları kremanın içinde kısık ateşte 30 dakika pişirin.

Mikrodalgada çekirdeği çıkarılmış zeytinler kuruyana kadar. Zeytin tozu elde edene kadar havandan geçirin.

Tuz ve karabiberle tatlandırın ve maymunbalığının dışı sulu, içi altın rengi kahverengi olana kadar yüksek ateşte pişirin.

Sosu baharatlayın. Maymun balığını, yanında sos ve üstüne zeytin tozuyla birlikte servis edin.

Bu sosun tadı yumuşak ve lezzetlidir. Çok cıvıksa birkaç dakika daha pişmesine izin verin. Ancak çok koyu olursa bir miktar sıcak sıvı krema ekleyip karıştırın.

Nane ile elma kompostosu ile elma şarabı içinde hake

4 adet hake

1 şişe elma şarabı

4 yemek kaşığı şeker

8 nane yaprağı

4 elma

1 limon

Un

zeytin yağı

tuz ve biber

detaylandırma

Hake'yi tuz, karabiber ve unla tatlandırıp az kızgın yağda kızartın. Çıkarın ve bir fırın tepsisine yerleştirin.

Elmaları soyun, ince dilimler halinde kesin ve tepsiye dizin. Üzerine elma şarabı dökün ve 165°C'de 15 dakika pişirin.

Elmaları ve sosu kaşıkla dökün. Şeker ve nane yapraklarıyla karıştırın.

Balıkları kompostoyla birlikte servis edin.

Aynı tarifin başka bir versiyonu. Hake'yi unlayıp kahverengileştirin ve elmalar ve elma şarabıyla birlikte bir güveç kabına koyun. 6 dakika kısık ateşte pişirin. Hake'yi çıkarın ve sosun azalmasına izin verin. Daha sonra nane ve şekerle karıştırın.

MARİNE SOMON

İÇİNDEKİLER

1 kg somon fileto

500g şeker

4 yemek kaşığı kıyılmış dereotu

500 gr kaba tuz

zeytin yağı

detaylandırma

Bir kapta tuz, şeker ve dereotunu karıştırın. Yarısını tepsinin tabanına yerleştirin. Somonu ekleyin ve karışımın diğer yarısıyla kaplayın.

12 saat buzdolabında saklayın. Çıkarıp soğuk suyla temizleyin. Filetoyu yağlayın ve kaplayın.

KANDIRMAK

Tuz herhangi bir bitki veya baharatla (zencefil, karanfil, köri vb.) tatlandırılabilir.

Mavi peynirli alabalık

İÇİNDEKİLER

4 alabalık

75 gr mavi peynir

75g tereyağı

40 cl sıvı krema

1 küçük bardak beyaz şarap

Un

zeytin yağı

tuz ve biber

detaylandırma

Tereyağını bir miktar sıvı yağ ile birlikte bir tencerede ısıtın. Unlanmış ve baharatlanmış alabalığın her iki tarafını da 5'er dakika kızartın. Rezervasyonlar.

Şarabı ve peyniri kızartmadan kalan yağın içine dökün. Şarap neredeyse bitene ve peynir tamamen eriyene kadar sürekli karıştırarak pişirin.

Kremayı ekleyin ve istenilen kıvama gelinceye kadar pişirin. Tuz ve karabiberi düzeltin. Alabalıkların üzerinde kızartın.

KANDIRMAK

Tatlı ve ekşi mavi peynir sosu yapın ve kremayı doğal portakal suyuyla değiştirin.

Soya ile marine edilmiş ton balığı tataki

İÇİNDEKİLER

1 ton balığı filetosu (veya somon)

1 bardak soya

1 bardak sirke

2 dolu yemek kaşığı şeker

Küçük bir portakalın kabuğu

Sarımsak

kavrulmuş susam

Zencefil

detaylandırma

Ton balığını güzelce temizleyip parçalara ayırın. Çok sıcak bir tavada her tarafı hafifçe kızartılır ve pişmeyi durdurmak için hemen buzlu suda soğutulur.

Soya, sirke, şeker, portakal kabuğu, zencefil ve sarımsağı bir kapta karıştırın. Balıkları ekleyin ve en az 3 saat marine edin.

Susam serpin, küçük dilimler halinde kesin ve servis yapın.

KANDIRMAK

Anisakis'i önlemek için bu tarifin önceden dondurulmuş balıklarla yapılması gerekir.

Hake keki

1 kg hake

1 litre krema

1 büyük soğan

1 bardak brendi

8 yumurta

Kızarmış domates

zeytin yağı

tuz ve biber

detaylandırma

Soğanı jülyen şeritler halinde kesin ve bir tavada kızartın. Yumuşak olduğunda hake'yi ekleyin. Her şey bitene ve ufalanana kadar pişirin.

Daha sonra ısıyı arttırın ve brendiyi üzerine dökün. Azaltalım ve biraz domates ekleyelim.

Ocaktan alıp yumurta ve kremayı ekleyin. Her şeyi doğrayın. Tadına göre baharatlayın ve bir kalıba koyun. 165°C sıcaklıktaki fırında su banyosunda en az 1 saat veya iğneyle delindiğinde temiz çıkana kadar pişirin.

KANDIRMAK

Ayrıca pembe veya tartar sosu da vardır. Kemiksiz her türlü beyaz balıkla hazırlanabilir.

KOİ İLE DOLGULU BİBER

250g tuzdan arındırılmış morina

100 gr karides

2 yemek kaşığı kızarmış domates

2 yemek kaşığı tereyağı

2 yemek kaşığı un

1 kutu piquillo biberi

2 diş sarımsak

1 soğan

Brendi

zeytin yağı

tuz ve biber

detaylandırma

Morinayı suyla örtün ve 5 dakika pişirin. Pişirme suyunu çıkarın ve saklayın.

Küçük parçalar halinde doğradığınız soğanı ve sarımsakları kavurun. Karidesleri soyun ve kabuklarını soğan tavasına ekleyin. İyice kızartın. Isıyı artırın ve biraz brendi ve kızarmış domates ekleyin. Morina pişirme alanındaki suyla yıkayın ve 25 dakika pişmesine izin verin. Ezin ve süzün.

Kıyılmış karidesleri kızartın ve rezerve edin.

Unu tereyağında yaklaşık 5 dakika kavurun, süzülmüş suyu ekleyin ve birkaç çubukla karıştırmayı bırakmadan 10 dakika daha pişirin.

Ufalanmış morina balığı ve sotelenmiş karidesleri ekleyin. Tuz ve karabiberle tatlandırıp soğumaya bırakın.

Biberleri önceki hamurla doldurun ve servis yapın.

KANDIRMAK

Bu biberler için mükemmel sos Vizcaína'dır (bkz. Et Suyu ve Soslar bölümü).

RABS

İÇİNDEKİLER

1 kg bütün kalamar

150 gr buğday unu

50 gr nohut unu

zeytin yağı

Tuz

detaylandırma

Kalamarın dış kabuğunu çıkarıp içini iyice temizleyerek iyice temizleyin. Enine değil uzunlamasına ince şeritler halinde kesin. Tuzlama için.

Buğday unu ve nohut ununu karıştırıp kalamarın üzerine serpin.

Yağı iyice ısıtın ve kalamarları altın kahverengi olana kadar azar azar kızartın. Derhal servis yapın.

KANDIRMAK

Kalamarları 15 dakika önceden tuzlayıp çok kızgın yağda kızartın.

PAVIA ASKERLERİ

İÇİNDEKİLER

500g tuzdan arındırılmış morina

1 yemek kaşığı kekik

1 yemek kaşığı öğütülmüş kimyon

1 yemek kaşığı gıda boyası

1 yemek kaşığı kırmızı biber

1 bardak sirke

2 diş sarımsak

1 defne yaprağı

Un

kızgın yağ

Tuz

detaylandırma

Kekik, kimyon, kırmızı biber, ezilmiş sarımsak, bir bardak sirke ve bir bardak daha suyu bir kasede karıştırın ve bir tutam tuzla tatlandırın. Şeritler halinde kesilmiş tuzdan arındırılmış morina balığını 24 saat boyunca turşunun içine koyun.

Boyayı ve unu karıştırın. Morina şeritlerini unlayıp süzün ve bol kızgın yağda kızartın.

İçi sulu, dışı çıtır olacak şekilde hemen servis yapın.

Karides kızartması

İÇİNDEKİLER

125 gr çiğ karides

75 gr buğday unu

50 gr nohut unu

5 safran ipliği (veya boya)

¼ taze soğan

Taze maydanoz

Sızma zeytinyağı

Tuz

detaylandırma

Alüminyum folyoya sarılı safranı fırında birkaç saniye kavurun.

Bir kapta un, tuz, safran tozu, ince doğranmış taze soğan, doğranmış maydanoz, 125 ml çok soğuk su ve karidesleri karıştırın.

Açılan hamurdan yemek kaşığı kadar bol yağda kızartın. Altın kahverengi olana kadar bekletin.

KANDIRMAK

Kaşıkla karıştırıldığında hamur yoğurt kıvamında olmalıdır.

NAVARRA'YA ALABALIK

İÇİNDEKİLER

4 alabalık

8 dilim Serrano jambonu

Un

zeytin yağı

Tuz

detaylandırma

Temiz ve bağırsakları çıkarılmış alabalıkların her birine 2 dilim Serrano jambonu koyun. Un ve tuzla tatlandırın.

Bol yağda kızartın ve emici kağıt üzerine fazla yağını alın.

KANDIRMAK

Balığın sadece dışının pişmesini önlemek ve ısının balığın merkezine ulaşmasını önlemek için yağın sıcaklığı orta derecede yüksek olmalıdır.

AVOKADOLU SOMON YILDIZ TART

İÇİNDEKİLER

500 gr kemiksiz ve derisiz somon

6 kapari

4 domates

3 salatalık turşusu

2 avokado

1 adet taze soğan

2 limonun suyu

Tabasco

zeytin yağı

Tuz

detaylandırma

Domatesleri soyun ve çekirdeklerini çıkarın. Avokadoları boşaltın. Tüm malzemeleri mümkün olduğu kadar ince doğrayın ve bir kapta karıştırın.

Limon suyu, birkaç damla Tabasco, zeytinyağı ve tuzla tatlandırın.

KANDIRMAK

Füme somon veya alabalık gibi benzer balıklarla hazırlanabilir.

Galiçya tarakları

8 tarak

125 gr soğan

125g Serrano jambonu

80 gr ekmek kırıntısı

1 yemek kaşığı taze maydanoz

½ çay kaşığı tatlı kırmızı biber

1 doğranmış haşlanmış yumurta

detaylandırma

Soğanları ince ince doğrayın ve düşük sıcaklıkta 10 dakika kızartın. Küçük küpler halinde kesilmiş jambonu ekleyin ve 2 dakika daha kızartın. Biberleri ekleyin ve 10 saniye daha pişirin. Çıkarın ve soğumaya bırakın.

Soğuduktan sonra bir kaseye alıp galeta unu, kıyılmış maydanoz ve yumurtayı ekleyin. Karışım.

Deniz taraklarını önceki karışımla doldurun, bir tabağa koyun ve 170°C'de 15 dakika pişirin.

KANDIRMAK

Zamandan tasarruf etmek için önceden hazırlayın ve ihtiyacınız olan günde pişirin. Ayrıca deniz tarağı ve hatta istiridye ile de yapılabilir.

MANTARLI SOSLU TAVUK

1 tavuk

350 gr mantar

½ litre tavuk suyu

1 bardak beyaz şarap

1 dal kekik

1 dal biberiye

1 defne yaprağı

2 domates

1 yeşil biber

1 diş sarımsak

1 soğan

1 acı biber

zeytin yağı

tuz ve biber

detaylandırma

Tavuğu doğrayın, baharatlayın ve yüksek ateşte kızartın. Kalkış ve rezervasyon yapın. Aynı yağda çok küçük parçalar halinde kesilmiş soğanı, acı biberi, biberi ve sarımsağı kısık ateşte 5 dakika kavurun. Ateşi arttırıp rendelenmiş domatesleri ekleyin. Domatesin suyu tamamen kayboluncaya kadar soteleyin.

Tavuğu tekrar ekleyin ve azalıncaya ve sos neredeyse kuruyana kadar şarapta yıkayın. Et suyuyla nemlendirin ve aromatik bitkileri ekleyin. Yaklaşık 25 dakika veya tavuk yumuşayana kadar pişirin.

Ayrı olarak, tuzla terbiye edilmiş dilimlenmiş mantarları sıcak bir tavada az miktarda yağla 2 dakika kızartın. Bunları tavuk güvecine ekleyin ve 2 dakika daha pişirin. Gerekirse tuzunu ayarlayın.

KANDIRMAK

Sonuç, Chanterelles ile hazırlandığında da aynı derecede iyidir.

Elma şarabı içinde marine edilmiş tavuk

İÇİNDEKİLER

1 tavuk

2 bardak sirke

4 bardak elma şarabı

2 diş sarımsak

2 havuç

1 defne yaprağı

1 pırasa

2 bardak sıvı yağ

Tuz ve karabiber

detaylandırma

Tavuğu doğrayın, baharatlayın ve bir tencerede kızartın. Kaldırın ve rezerve edin. Çubuklar halinde kesilmiş havuç ve pırasa ile dilimlenmiş diş sarımsakları aynı yağda kızartın. Sebzeler yumuşayınca sıvıyağı ekleyin.

Defne yaprağını ve karabiberi ekleyin, tuzlayın ve 5 dakika daha pişirin. Tavuğu ekleyin ve 12 dakika daha pişirin. Üzerini kapatıp sıcaktan uzak tutun.

KANDIRMAK

Birkaç gün buzdolabında ağzı kapalı olarak saklanabilir. Escabeche, yiyecekleri korumanın bir yoludur.

NÍSCALOSLU TAVUK GÜVEÇ

İÇİNDEKİLER

1 büyük tavuk

150 gr chanterelles

1 bardak brendi

1 dal kekik

1 dal biberiye

2 adet rendelenmiş domates

2 diş sarımsak

1 yeşil biber

1 kırmızı biber

1 havuç

1 soğan

tavuk çorbası

Un

zeytin yağı

tuz ve biber

detaylandırma

Parçalara kesilmiş tavuğu tuz, karabiber ve unlayın. Yüksek ateşte biraz yağla kızartın, çıkarın ve ayırın.

Aynı yağda küçük parçalar halinde kesilmiş havuç, soğan, sarımsak ve biberleri kısık ateşte 20 dakika kızartın.

Ateşi arttırıp rendelenmiş domatesleri ekleyin. Domateslerin neredeyse tüm suyu kaybolana kadar pişirin. Temizlenmiş ve doğranmış chanterellesleri ekleyin. Yüksek ateşte 3 dakika pişirin, brendi ile nemlendirin ve kaynamaya bırakın.

Tavuğu tekrar ekleyin ve et suyuyla kaplayın. Aromatik bitkileri ekleyin ve 25 dakika daha pişirin.

KANDIRMAK

Bu yemek için her türlü mevsim mantarı kullanılabilir.

TAVUK FİLETO A LA MADRİLEÑA

İÇİNDEKİLER

8 tavuk fileto

3 diş sarımsak

2 yemek kaşığı taze maydanoz

1 çay kaşığı öğütülmüş kimyon

Un, yumurta ve galeta unu (fırçalamak için)

zeytin yağı

tuz ve biber

detaylandırma

İnce kıyılmış maydanoz ve sarımsağı galeta unu ve kimyonla karıştırın.

Filetoları tuz ve karabiberle tatlandırın ve un, çırpılmış yumurta ve önceki karışıma bulayın.

Ekmeklerin iyice yapışması için elinizle bastırın. Bol kızgın yağda altın rengi olana kadar kızartın.

KANDIRMAK

Birkaç dilim mozzarella ve concasé domatesle pişirilebilirler (et suları ve soslar bölümüne bakın).

ŞİİTAKE MANTARLI TAVUK FRICANDO

1 kilo tavuk fileto

250 gr şitake mantarı

250 ml tavuk suyu

150 ml brendi

2 domates

1 havuç

1 diş sarımsak

1 pırasa

½ taze soğan

1 buket aromatik bitki (kekik, biberiye, defne yaprağı...)

1 çay kaşığı kırmızı biber

Un

zeytin yağı

tuz ve biber

detaylandırma

Dörde bölünmüş tavuk filetolarını baharatlayın ve üzerine un serpin. Orta ateşte biraz yağda kızartıp çıkarın.

Küçük parçalar halinde doğradığınız sebzeleri aynı yağda kızartın, toz biberi ekleyin ve son olarak rendelenmiş domatesleri ekleyin.

Domates suyunu çekene kadar iyice kavurun, ateşi artırın ve mantarları ekleyin. 2 dakika kızartın ve üzerine brendi gezdirin. Tüm alkolün buharlaşmasına izin verin ve tavuğu tekrar içine koyun.

Et suyunu örtün ve aromatik bitkileri ekleyin. Tuz ekleyin ve kısık ateşte 5 dakika daha pişirin.

Tatların daha iyi karışmasını sağlamak için 5 dakika kapağın altında bekletin.

VİSKİ İLE TAVUK TAVUL

12 tavuk budu

200ml krema

150 mi viski

100 ml tavuk suyu

3 yumurta sarısı

1 adet taze soğan

Un

zeytin yağı

tuz ve biber

detaylandırma

Tavuk butlarını baharatlayın, unlayın ve kızartın. Kalkış ve rezervasyon yapın.

İnce doğranmış taze soğanları aynı yağda 5 dakika kadar kavurun. Viski ve flambeyi ekleyin (aspiratör kapatılmalıdır). Kremayı ve et suyunu dökün. Tavuğu tekrar ekleyin ve kısık ateşte 20 dakika pişirin.

Ocaktan alıp yumurta sarılarını ekleyin ve sosun biraz koyulaşması için yavaşça karıştırın. Gerekirse tuz ve karabiberle tatlandırın.

KANDIRMAK

Viski en çok sevdiğimiz alkollü içeceğin yerini alabilir

KIZARMIŞ ÖRDEK

1 temiz ördek

1 litre tavuk suyu

4 dl soya sosu

3 yemek kaşığı bal

2 diş sarımsak

1 küçük soğan

1 acı biber

taze zencefil

zeytin yağı

tuz ve biber

detaylandırma

Bir kasede tavuk suyu, soya fasulyesi, rendelenmiş sarımsak, ince doğranmış kırmızı biber ve soğan, bal, bir parça rendelenmiş zencefil ve karabiberi karıştırın. Ördeği bu karışımda 1 saat marine edin.

Maserasyondan çıkarın ve maserasyon sıvısının yarısıyla birlikte bir fırın tepsisine yerleştirin. 200 °C'de her iki tarafını da 10'ar dakika kızartın. Fırçayla sürekli ıslatın.

Fırını 180°C'ye düşürün ve her iki tarafını da 18 dakika daha pişirin (her 5 dakikada bir fırçalamaya devam edin).

Ördeği çıkarın ve ayırın ve orta ateşte bir tencerede sosu yarıya kadar azaltın.

KANDIRMAK

Kuşları göğüs tarafı aşağı gelecek şekilde pişirerek başlayın, bu onların daha az kuru ve daha sulu olmasını sağlayacaktır.

VILLAROY TAVUK GÖĞÜS

İÇİNDEKİLER

1 kg tavuk göğsü

2 havuç

2 kereviz çubuğu

1 soğan

1 pırasa

1 şalgam

Un, yumurta ve galeta unu (fırçalamak için)

tohumlama için

1 litre süt

100 gr tereyağı

100g un

öğütülmüş hindistan cevizi

tuz ve biber

detaylandırma

Tüm temiz sebzeleri 2 litre soğuk suda 45 dakika haşlayın.

Bu arada unu tereyağında orta-kısık ateşte 5 dakika kavurarak beşamel sosunu hazırlayın. Daha sonra sütü ekleyip karıştırıyoruz. Baharatlayın ve hindistan cevizini ekleyin. Kısık ateşte, karıştırmayı bırakmadan 10 dakika pişirin.

Et suyunu süzün ve göğüsleri (bütün veya filetolanmış) içinde 15 dakika pişirin. Çıkarın ve soğumaya bırakın. Göğüsleri beşamel sosla iyice kızartın ve buzdolabında saklayın. Soğuduktan sonra önce una, sonra yumurtaya ve en son galeta ununa bulayın. Bol yağda kızartıp sıcak olarak servis yapın.

KANDIRMAK

Et suyu ve doğranmış sebzelerden lezzetli bir krema hazırlayabilirsiniz.

Hardal ve limon soslu tavuk göğsü

4 tavuk göğsü

250 mi krema

3 yemek kaşığı brendi

3 yemek kaşığı hardal

1 yemek kaşığı un

2 diş sarımsak

1 limon

½ taze soğan

zeytin yağı

tuz ve biber

detaylandırma

Göğüsleri eşit parçalara ayırıp biraz yağla baharatlayın ve kızartın. Rezervasyonlar.

Aynı yağda frenk soğanı ve ince kıyılmış sarımsakları kavurun. Unu ekleyip 1 dakika pişirin. Brendi buharlaşana kadar ekleyin ve kremayı, 3 yemek kaşığı limon suyunu ve kabuğu rendesini, hardalı ve tuzu ekleyin. Sosu 5 dakika pişirin.

Tavuğu tekrar ekleyin ve kısık ateşte 5 dakika daha pişirin.

KANDIRMAK

Öncelikle limonun suyunu çıkarmadan önce rendeleyin. Tasarruf etmek için tavuk göğsü yerine kıymalı tavuk göğsü filetosu yapılabilir.

ERİKLİ MANTARLI KAVURULMUŞ ELDİVEN

İÇİNDEKİLER

1 gine tavuğu

250 gr mantar

200ml bağlantı noktası

¼ litre tavuk suyu

15 adet çekirdeği çıkarılmış erik

1 diş sarımsak

1 çay kaşığı un

zeytin yağı

tuz ve biber

detaylandırma

Tuz ve karabiber ekleyin ve beç tavuğunu eriklerle birlikte 175 °C'de 40 dakika kızartın. Pişirme süresinin yarısında ters çevirin. Süre dolduğunda suyu çıkarın ve rezerve edin.

2 yemek kaşığı yağı ve unu bir tencerede 1 dakika kavurun. Şarabı dökün ve yarı yarıya azalmasına izin verin. Tava suları ve et suyuyla nemlendirin. Karıştırmayı bırakmadan 5 dakika pişirin.

Mantarları biraz doğranmış sarımsakla ayrı ayrı kızartın, sosa ekleyin ve kaynatın. Gine tavuğunu sosla birlikte servis edin.

KANDIRMAK

Özel günler için beç tavuğunun içini elma, kaz, kıyma ve fındıkla doldurabilirsiniz.

MODENA SİRKELİ KARAMELİZE PIQUILLOS DOLGULU VILLAROY TAVUK GÖĞÜS

İÇİNDEKİLER

4 tavuk göğsü filetosu

100 gr tereyağı

100g un

1 litre süt

1 kutu piquillo biberi

1 bardak Modena sirkesi

½ bardak şeker

küçük hindistan cevizi

Yumurta ve galeta unu (fırçalamak için)

zeytin yağı

tuz ve biber

detaylandırma

Tereyağı ve unu kısık ateşte 10 dakika kavurun. Daha sonra sütü ekleyin ve sürekli karıştırarak 20 dakika pişirin. Baharat ve hindistan cevizini ekleyin. Soğumaya bırakın.

Bu arada biberleri sirke ve şekerle, sirke kalınlaşmaya başlayana (yeni başlayana) kadar karamelize edin.

Filetoları tuz ve karabiberle tatlandırın ve piquillo biberiyle doldurun. Göğüsleri çok sıkı şekerlermiş gibi şeffaf filme sarın, kapatın ve 15 dakika suda kaynatın.

Pişirdikten sonra her tarafını beşamel sosla yağlayın ve çırpılmış yumurta ve galeta ununa bulayın. Bol yağda kızartın.

KANDIRMAK

Beşamel sos için un kavrulurken birkaç yemek kaşığı köri ilave edilirse sonuç farklı ve oldukça zengin olur.

Pastırma, mantar ve peynirle doldurulmuş tavuk göğsü

4 tavuk göğsü filetosu

100 gr mantar

4 dilim füme pastırma

2 yemek kaşığı hardal

6 yemek kaşığı krema

1 soğan

1 diş sarımsak

dilimlenmiş peynir

zeytin yağı

tuz ve biber

detaylandırma

Tavuk filetoyu baharatlayın. Mantarları temizleyip dörde bölün.

Pastırmayı kızartın ve doğranmış mantarları sarımsakla birlikte yüksek ateşte kızartın.

Filetoları pastırma, peynir ve mantarla doldurun ve sanki şekermiş gibi şeffaf filmle mükemmel şekilde kapatın. Kaynar suda 10 dakika kadar pişirin. Folyoyu ve filetoyu çıkarın.

Diğer yandan küçük parçalar halinde doğradığınız soğanı haşlayıp, krema ve hardalı ekleyip 2 dakika pişirip püre haline getirin. Tavukların üzerinde kızartın

KANDIRMAK

Şeffaf film yüksek sıcaklıklara dayanabilir ve yemeğe herhangi bir tat katmaz.

ERİKLİ TATLI ŞARAP TAVUK

İÇİNDEKİLER

1 büyük tavuk

100 gr çekirdeği çıkarılmış erik

½ litre tavuk suyu

½ şişe tatlı şarap

1 adet taze soğan

2 havuç

1 diş sarımsak

1 yemek kaşığı un

zeytin yağı

tuz ve biber

detaylandırma

Parçalara ayırdığınız tavuğu çok sıcak bir tencerede yağla baharatlayın ve kızartın. Kaldırın ve rezerve edin.

Aynı yağda ince doğranmış yeşil soğanları, sarımsakları ve havuçları kızartın. Sebzeler iyice haşlanınca unu ekleyin ve bir dakika daha pişirin.

Tatlı şarapla banyo yapın ve ısıyı neredeyse tamamen azalıncaya kadar artırın. Et suyunu ekleyin ve tavuğu ve kuru erikleri tekrar ekleyin.

Yaklaşık 15 dakika veya tavuk yumuşayana kadar pişirin. Tavuğu çıkarın ve sosu karıştırın. Tuz ucuna ekleyin.

KANDIRMAK

Kıyılmış sosa bir miktar soğuk tereyağı ekleyip çırpma teli ile karıştırırsanız daha fazla yoğunluk ve parlaklık elde edersiniz.

Kaju Fıstıklı TURUNCU TAVUK GÖĞÜS

İÇİNDEKİLER

4 tavuk göğsü

75 gr kaju fıstığı

2 bardak doğal portakal suyu

4 yemek kaşığı bal

2 yemek kaşığı Cointreau

Un

zeytin yağı

tuz ve biber

detaylandırma

Göğüsleri baharatlayıp unlayın. Bol yağda kızartın, çıkarın ve ayırın.

Portakal suyunu Cointreau ve bal ile 5 dakika kaynatın. Göğüsleri sosa ekleyin ve kısık ateşte 8 dakika pişirin.

Sos ve kaju ile servis yapın.

KANDIRMAK

İyi bir portakal sosu yapmanın bir başka yolu da, içine doğal portakal suyunun eklendiği çok koyu olmayan karamellerle başlamaktır.

Keklik turşusu

4 keklik

300 gr soğan

200 gr havuç

2 bardak beyaz şarap

1 diş sarımsak

1 defne yaprağı

1 bardak sirke

1 bardak sıvı yağ

tuz ve 10 adet karabiber

detaylandırma

Keklikleri baharatlayıp yüksek ateşte kızartın. Kalkış ve rezervasyon yapın.

Aynı yağda jülyen doğranmış havuç ve soğanları kızartın. Sebzeler yumuşayınca şarap, sirke, karabiber, tuz, sarımsak ve defne yaprağını ekleyin. 10 dakika kızartın.

Kekliği tekrar ekleyip kısık ateşte 10 dakika daha pişirin.

KANDIRMAK

Salamura et veya balığın daha fazla lezzet kazanması için en az 24 saat dinlenmeye bırakılması daha iyidir.

CACCIATORE TAVUK

İÇİNDEKİLER

1 kıyılmış tavuk

50 gr dilimlenmiş mantar

½ litre tavuk suyu

1 bardak beyaz şarap

4 rendelenmiş domates

2 havuç

2 diş sarımsak

1 pırasa

½ soğan

1 buket aromatik bitki (kekik, biberiye, defne yaprağı…)

zeytin yağı

tuz ve biber

detaylandırma

Çok sıcak bir tencerede tavukları çok az yağla baharatlayıp kızartın. Kaldırın ve rezerve edin.

Küçük parçalar halinde kesilmiş havuç, sarımsak, pırasa ve soğanları aynı yağda kızartın. Daha sonra rendelenmiş domatesi ekleyin. Domates suyunu çekene kadar soteleyin. Tavuğu geri koy.

Mantarları ayrı ayrı kızartın ve güveçte ekleyin. Bir kadeh şarapla banyo yapın ve azalmasına izin verin.

Et suyuyla nemlendirin ve aromatik bitkileri ekleyin. Tavuklar yumuşayıncaya kadar pişirin. Doğru tuz.

132

KANDIRMAK

Bu yemek hindi ve hatta tavşanla da yapılabilir.

COCA-COLA STİL TAVUK KANAT

İÇİNDEKİLER

1 kilo tavuk kanadı

½ litre Coca-Cola

4 yemek kaşığı esmer şeker

2 yemek kaşığı soya sosu

1 seviye yemek kaşığı kekik

½ limon

tuz ve biber

detaylandırma

Coca-Cola, şeker, soya, kekik ve yarım limonun suyunu bir tencereye koyup 2 dakika pişirin.

Kanatları ikiye bölün ve baharatlayın. 160°C'de renkleri dönene kadar pişirin. Daha sonra sosun yarısını ekleyip kanatları çevirin. Her 20 dakikada bir çevirin.

Sos neredeyse azalınca diğer yarısını ekleyin ve sos koyulaşana kadar kavurmaya devam edin.

KANDIRMAK

Sosu hazırlarken bir tutam vanilya eklenmesi lezzeti arttırır ve kendine özgü bir dokunuş verir.

SARIMSAKLI TAVUK

İÇİNDEKİLER

1 kıyılmış tavuk

8 diş sarımsak

1 bardak beyaz şarap

1 yemek kaşığı un

1 acı biber

Sirke

zeytin yağı

tuz ve biber

detaylandırma

Tavukları baharatlayıp güzelce kızartın. Yağı saklayın ve ısınmasına izin verin.

Sarımsakları küp küp doğrayıp, sarımsakları ve acı biberi renk almasına izin vermeden (yağda pişirin, kızartmayın) ekleyin.

Şarabı dökün ve belli bir kalınlığa ulaşana kadar fakat kuru olmayana kadar kaynamaya bırakın.

Daha sonra tavuğu ekleyin ve üzerine bir çay kaşığı unu yavaş yavaş ekleyin. Karıştırın (sarımsakların tavuğa yapışıp yapışmadığını kontrol edin; yapışmıyorsa biraz daha un ekleyin, yapışana kadar).

Üzerini kapatıp ara ara karıştırın. 20 dakika kısık ateşte pişirin. Bir miktar sirke ile bitirin ve bir dakika daha pişirin.

Tavuk tavası çok önemlidir. Dışının altın rengi, içi sulu kalması için çok yüksek ısıda ısıtılması gerekiyor.

TAVUK AL CHILINDRON

1 küçük doğranmış tavuk

350 gr doğranmış Serrano jambonu

1 kutu 800 gr ezilmiş domates

1 büyük kırmızı biber

1 büyük yeşil biber

1 büyük soğan

2 diş sarımsak

Kekik

1 bardak beyaz veya kırmızı şarap

Şeker

zeytin yağı

tuz ve biber

detaylandırma

Tavuğu baharatlayın ve yüksek ateşte kızartın. Kaldırın ve rezerve edin.

Aynı yağda orta boy parçalar halinde kesilmiş biber, sarımsak ve soğanları kızartın. Sebzeler iyice kızarınca jambonu ekleyin ve 10 dakika daha kızartın.

Tavuğu tekrar içine koyun ve şarapla yıkayın. Yüksek ateşte 5 dakika pişirip domates ve kekiği ekleyin. Isıyı azaltın ve 30 dakika daha pişmesine izin verin. Tuz ve şekeri düzeltin.

Aynı tarifi köfteyle de yapmak mümkündür. Tabakta hiçbir şey kalmadı!

Turşu bıldırcın ve kırmızı meyveler

İÇİNDEKİLER

4 bıldırcın

150 gr kırmızı meyveler

1 bardak sirke

2 bardak beyaz şarap

1 havuç

1 pırasa

1 diş sarımsak

1 defne yaprağı

Un

1 bardak sıvı yağ

Tuz ve karabiber

detaylandırma

Bıldırcınları unlayıp baharatlayın ve bir tencerede kızartın. Kaldırın ve rezerve edin.

Çubuklar halinde kesilmiş havuç ve pırasayı ve dilimlenmiş sarımsakları aynı yağda kızartın. Sebzeler yumuşayınca yağı, sirkeyi ve şarabı ekleyin.

Defne yaprağını ve biberi ekleyin. Tuzla tatlandırın ve kırmızı meyvelerle birlikte 10 dakika pişirin.

Bıldırcını ekleyin ve yumuşayana kadar 10 dakika daha haşlayın. Üzerini kapatıp sıcaktan uzak tutun.

Bu turşu, bıldırcın etiyle birlikte harika bir sos olur ve iyi bir marulun yanında eşlik eder.

LİMON TAVUK

1 tavuk

30g şeker

25 gr tereyağı

1 litre tavuk suyu

1dl beyaz şarap

3 limonun suyu

1 soğan

1 pırasa

zeytin yağı

tuz ve biber

detaylandırma

Tavuğu doğrayın ve baharatlayın. Yüksek ateşte kızartıp çıkarın.

Soğanı soyun, pırasayı temizleyin ve jülyen şeritler halinde kesin. Sebzeleri tavuğu pişirmek için kullanılan yağda kızartın. Şarabı dökün ve kaynamaya bırakın.

Limon suyunu, şekeri ve suyu ekleyin. 5 dakika pişirin ve tavuğu tekrar ekleyin. 30 dakika daha kısık ateşte pişirin. Tuz ve karabiberi düzeltin.

Sosun daha ince ve sebze parçaları içermemesi için doğramak daha iyidir.

SERRANO HAM, TORTA DEL CASAR VE ARUCULA'LI SAN JACOBO TAVUK

İÇİNDEKİLER

8 adet ince tavuk fileto

150 gr düğün pastası

100 gr roket

4 dilim Serrano jambonu

Un, yumurta ve mısır gevreği (fırçalamak için)

zeytin yağı

tuz ve biber

detaylandırma

Tavuk filetolarını baharatlayın ve peynirle kaplayın. Birinin üzerine roka ve Serrano jambonunu koyun ve diğerini mühürlemek için üstüne yerleştirin. Geri kalanıyla da aynısını yapın.

Bunları un, çırpılmış yumurta ve ezilmiş tahıldan geçirin. Bol kızgın yağda 3 dakika kızartın.

KANDIRMAK

Ezilmiş patlamış mısırla, Kiko'larla ve hatta küçük solucanlarla bile yayılabilir. Sonuç çok komik.

FIRINLANMIŞ TAVUK KÖR

İÇİNDEKİLER

4 tavuk budu (kişi başı)

1 litre krema

1 frenk soğanı veya soğan

2 yemek kaşığı köri

4 doğal yoğurt

Tuz

detaylandırma

Soğanı küçük parçalar halinde kesin ve bir kasede yoğurt, krema ve köri ile karıştırın. Tuzlu mu olsun.

Tavuğu birkaç parçaya bölün ve yoğurt sosunda 24 saat marine edin.

180°C'de 90 dakika kızartın, tavuğu çıkarın ve çırpılmış sosla birlikte servis yapın.

KANDIRMAK

Eğer sos kaldıysa onu lezzetli köfte yapmak için kullanabilirsiniz.

KIRMIZI ŞARAPTA TAVUK

İÇİNDEKİLER

1 kıyılmış tavuk

½ litre kırmızı şarap

1 dal biberiye

1 dal kekik

2 diş sarımsak

2 pırasa

1 kırmızı biber

1 havuç

1 soğan

tavuk çorbası

Un

zeytin yağı

tuz ve biber

detaylandırma

Tavuğu baharatlayın ve çok sıcak bir güveç kabında kızartın. Kaldırın ve rezerve edin.

Sebzeleri küçük parçalar halinde kesin ve tavuğun kızartıldığı yağda kızartın.

Şarapla banyo yapın, aromatik bitkileri ekleyin ve sıvı kaynayana kadar yaklaşık 10 dakika yüksek ateşte pişirin. Tavuğu tekrar atın ve üzerini kaplayana kadar et suyuyla yağlayın. 20 dakika daha veya etler yumuşayana kadar pişirin.

145

KANDIRMAK

Parçacıksız daha ince bir sos istiyorsanız sosu püre haline getirin ve süzün.

SİYAH BİRA İLE KIZARMIŞ TAVUK

İÇİNDEKİLER

4 tavuk budu

750 ml güçlü bira

1 yemek kaşığı kimyon

1 dal kekik

1 dal biberiye

2 soğan

3 diş sarımsak

1 havuç

tuz ve biber

detaylandırma

Soğanları, havuçları ve sarımsakları jülyen şeritler halinde kesin. Fırın tepsisinin dibine kekik ve biberiyeyi koyun, üzerine soğan, havuç ve sarımsakları koyun. ve ardından deri tarafı aşağı gelecek şekilde tavuk butları baharatlanır ve üzerine kimyon serpilir. 175°C'de yaklaşık 45 dakika kızartın.

30 dakika sonra birayla nemlendirin, popoyu ters çevirin ve 45 dakika daha pişirin. Tavuklar kızarınca tepsiden alıp sosu karıştırın.

KANDIRMAK

Kızartmanın ortasına 2 adet dilimlenmiş elmayı koyup kalan sosla püre haline getirirseniz lezzet daha da güzel çıkacaktır.

ÖZEL ÇİKOLATA

4 keklik

½ litre tavuk suyu

½ bardak kırmızı şarap

1 dal biberiye

1 dal kekik

1 adet taze soğan

1 havuç

1 diş sarımsak

1 rendelenmiş domates

Çikolata

zeytin yağı

tuz ve biber

detaylandırma

Keklikleri baharatlayıp kızartın. Rezervasyonlar.

İnce doğranmış havuç, sarımsak ve taze soğanı aynı yağda orta ateşte kızartın. Isıyı artırın ve domatesi ekleyin. Suyunu çekene kadar pişirin. Şarabı dökün ve neredeyse tamamen kaynamasına izin verin.

Et suyunu ekleyin ve baharatları ekleyin. Keklikler yumuşayana kadar kısık ateşte pişirin. Doğru tuz. Ateşten alın ve isteğe göre çikolata ekleyin. Kaldırmak.

Yemeğe baharatlı bir hava katmak için kırmızı biber, daha çıtır olmasını istiyorsanız kızarmış fındık veya badem ekleyebilirsiniz.

Kırmızı meyve soslu kavrulmuş hindi çeyrekleri

4 hindi koçanı

250 gr kırmızı meyveler

½ litre kava

1 dal kekik

1 dal biberiye

3 diş sarımsak

2 pırasa

1 havuç

zeytin yağı

tuz ve biber

detaylandırma

Pırasayı, havucu ve sarımsağı temizleyip jülyen şeklinde doğrayın. Bu sebzeleri kekik, biberiye ve kırmızı meyvelerle birlikte bir fırın tepsisine yerleştirin.

Biraz yağla tatlandırılan hindi dilimlerini deri tarafı aşağı bakacak şekilde üstüne yerleştirin. 175°C'de 1 saat kavurun.

30 dakika sonra cava ile yıkanın. Eti ters çevirin ve 45 dakika daha ızgarada pişirin. Süre dolduktan sonra kaseden çıkarın. Öğütün, süzün ve tuzu sosa ekleyin.

Hindi, uyluk ve alt bacaklar kolayca çıkarılabildiğinde hazırdır.

ŞEFTALİ SOSLU KIZARMIŞ TAVUK

İÇİNDEKİLER

4 tavuk budu

½ litre beyaz şarap

1 dal kekik

1 dal biberiye

3 diş sarımsak

2 şeftali

2 soğan

1 havuç

zeytin yağı

tuz ve biber

detaylandırma

Soğanları, havuçları ve sarımsakları jülyen şeritler halinde kesin. Şeftalileri soyun, ikiye bölün ve çekirdeğini çıkarın.

Kekik ve biberiyeyi havuç, soğan ve sarımsakla birlikte fırın tepsisinin altına yerleştirin. Biberli but yanaklarını üstüne yerleştirin, üzerine yağ gezdirin ve deri tarafı aşağı bakacak şekilde 175°C'de yaklaşık 45 dakika kızartın.

30 dakika sonra üzerine beyaz şarap dökün, ters çevirin ve 45 dakika daha kızartın. Tavuklar kızarınca tepsiden alıp sosu karıştırın.

Kızartmaya elma veya armut eklenebilir. Sosun tadı harika olacak.

ISPANAK VE MOZZARELLA DOLGULU TAVUK FİLETO

8 adet ince tavuk fileto

200 gr taze ıspanak

150g mozarella

8 fesleğen yaprağı

1 çay kaşığı öğütülmüş kimyon

Un, yumurta ve galeta unu (fırçalamak için)

zeytin yağı

tuz ve biber

detaylandırma

Göğüslerin her iki tarafını da baharatlayın. Üzerine ıspanağı, parçalanmış peyniri ve doğranmış fesleğenleri koyup başka bir filetoyla örtün. Unu, çırpılmış yumurtayı ve galeta unu ve kimyon karışımını karıştırın.

Her iki tarafını da birkaç dakika kızartın ve fazla yağı emici kağıt üzerine alın.

KANDIRMAK

Mükemmel eşlik, iyi bir domates sosudur. Bu yemek hindi ve hatta taze fileto ile hazırlanabilir.

CAVA'DA KIZARMIŞ TAVUK

İÇİNDEKİLER

4 tavuk budu

1 şişe şampanya

1 dal kekik

1 dal biberiye

3 diş sarımsak

2 soğan

zeytin yağı

tuz ve biber

detaylandırma

Soğanları ve sarımsakları Juliana'ya kesin. Kekiği ve biberiyeyi fırın tepsisinin dibine yerleştirin, üzerine soğanları ve sarımsakları, ardından biber soğanlarını derileri aşağıya gelecek şekilde yerleştirin. 175°C'de yaklaşık 45 dakika kızartın.

30 dakika sonra cava ile banyo yapın, kıçı ters çevirin ve 45 dakika daha pişirin. Tavuklar kızarınca tepsiden alıp sosu karıştırın.

KANDIRMAK

Aynı tarifin bir başka çeşidi de Lambrusco veya tatlı şarapla hazırlamaktır.

FISTIK SOSLU TAVUK ŞİŞ

600 gr tavuk göğsü

150 gr fıstık

500 ml tavuk suyu

200ml krema

3 yemek kaşığı soya sosu

3 yemek kaşığı bal

1 yemek kaşığı köri

1 acı biber, çok doğranmış

1 yemek kaşığı limon suyu

zeytin yağı

tuz ve biber

detaylandırma

Fıstıkları macun kıvamına gelinceye kadar iyice ezin. Bir kasede limon suyu, et suyu, soya, bal, köri, tuz ve karabiberle karıştırın. Göğüsleri parçalara ayırın ve gece boyunca bu karışımda marine edin.

Tavukları çıkarıp şişlere geçirin. Önceki karışımı kremayla birlikte kısık ateşte 10 dakika pişirin.

Şişleri bir tavada orta ateşte kızartın ve üzerine sosla servis yapın.

Tavuk butlarından yapılabilirler. Ancak onları tavada kızartmak yerine, üzerine sosla birlikte fırında kızartın.

PEPITORIA'DA TAVUK

İÇİNDEKİLER

1 ½ kg tavuk

250 gr soğan

50 gr kavrulmuş badem

25 gr kızarmış ekmek

½ litre tavuk suyu

¼ ben iyi şarap

2 diş sarımsak

2 adet defne yaprağı

2 adet haşlanmış yumurta

1 yemek kaşığı un

14 safran ipliği

150g zeytinyağı

tuz ve biber

detaylandırma

Tavukları parçalara ayırın ve baharatlayın. Altın ve rezervler.

Soğanı ve sarımsağı küçük parçalar halinde kesin ve tavuğun hazırlandığı yağda kızartın. Unu ekleyip kısık ateşte 5 dakika pişirin. Şarabı dökün ve kaynamaya bırakın.

Et suyunu tuz sınırına kadar ekleyin ve 15 dakika daha pişirin. Daha sonra ayrılmış tavuğu defne yapraklarıyla birlikte ekleyin ve tavuk yumuşayana kadar pişirin.

Safranı ayrı ayrı kavurup, kızarmış ekmek, badem ve yumurta sarısıyla birlikte harca ekleyin. Macun kıvamına gelinceye kadar ezin ve tavuk güvecine ekleyin. 5 dakika daha pişirin.

KANDIRMAK

Bu tarife iyi bir pirinç pilavından daha iyi bir eşlikçi olamaz. Üzerine doğranmış yumurta akı ve ince kıyılmış maydanoz eklenerek servis edilebilir.

TURUNCU TAVUK

İÇİNDEKİLER

1 tavuk

25 gr tereyağı

1 litre tavuk suyu

1 dl gül şarabı

2 yemek kaşığı bal

1 dal kekik

2 havuç

2 portakal

2 pırasa

zeytin yağı

tuz ve biber

detaylandırma

Doğranmış tavukları baharatlayıp zeytinyağında yüksek ateşte kızartın. Kalkış ve rezervasyon yapın.

Havuçları ve pırasayı soyun, temizleyin ve jülyen şeritler halinde kesin. Tavuğu kızarttığınız yağda kızartın. Şarabı dökün ve sıvı azalıncaya kadar yüksek ateşte pişirin.

Portakal suyu, bal ve et suyunu ekleyin. 5 dakika pişirin ve tavuk parçalarını tekrar ekleyin. 30 dakika kısık ateşte pişirin. Soğuk tereyağını ekleyip tuz ve karabiberle tatlandırın.

Bir avuç kuruyemişi dışarıda bırakıp pişirmenin sonunda güvece ekleyebilirsiniz.

Porcini mantarlı kızarmış tavuk

1 tavuk

200 gr Serrano jambonu

200 gr porçini mantarı

50 gr tereyağı

600 ml tavuk suyu

1 bardak beyaz şarap

1 dal kekik

1 diş sarımsak

1 havuç

1 soğan

1 domates

zeytin yağı

tuz ve biber

detaylandırma

Tavuğu doğrayın, baharatlayın ve tereyağı ve biraz yağda kızartın. Kalkış ve rezervasyon yapın.

Aynı yağda küçük parçalar halinde kesilmiş soğan, havuç ve sarımsakları ve doğranmış jambonu kızartın. Isıyı arttırın ve doğranmış porçini mantarını ekleyin. 2 dakika pişirin, rendelenmiş domatesi ekleyin ve suyunu çekene kadar pişirin.

Tavuk parçalarını tekrar ekleyin ve şarapla yıkayın. Sos neredeyse kuruyana kadar azaltın. Et suyuyla nemlendirin ve kekiği ekleyin. 25 dakika veya tavuk yumuşayana kadar pişirin. Doğru tuz.

KANDIRMAK

Mevsimlik veya kurutulmuş mantarları kullanın.

FISTIKLI VE SOYALI TAVUK SOTE

İÇİNDEKİLER

3 tavuk göğsü

70g kuru üzüm

30g badem

30 gr kaju fıstığı

30g ceviz

30g fındık

1 bardak tavuk suyu

3 yemek kaşığı soya sosu

2 diş sarımsak

1 acı biber

1 limon

Zencefil

zeytin yağı

tuz ve biber

detaylandırma

Göğüsleri doğrayın, baharatlayın ve yüksek ateşte bir tavada kızartın. Kalkış ve rezervasyon yapın.

Fındıkları, rendelenmiş sarımsak, rendelenmiş bir parça zencefil, kırmızı biber ve limon kabuğuyla birlikte bu yağda kızartın.

Kuru üzümleri, ayrılmış göğüsleri ve soya fasulyesini ekleyin. 1 dakika kaynatın ve et suyuyla yıkayın. Gerekirse tuzla tatlandırarak orta ateşte 6 dakika daha pişirin.

KANDIRMAK

Tuz neredeyse tamamen soya fasulyesinden geldiğinden, pratikte gerekli değildir.

KAVURULMUŞ ALMEDRASLI ÇİKOLATA TAVUK

İÇİNDEKİLER

İÇİNDEKİLER

1 tavuk

60 gr rendelenmiş bitter çikolata

1 bardak kırmızı şarap

1 dal kekik

1 dal biberiye

1 defne yaprağı

2 havuç

2 diş sarımsak

1 soğan

tavuk suyu (veya su)

Kavrulmuş badem

Sızma zeytinyağı

tuz ve biber

detaylandırma

Tavuğu doğrayın, baharatlayın ve çok sıcak bir tencerede kızartın. Kalkış ve rezervasyon yapın.

Aynı yağda küçük parçalar halinde kesilmiş soğanları, havuçları ve sarımsakları kısık ateşte kızartın.

Defne yaprağını, kekik ve biberiye dallarını ekleyin. Şarabı ve suyu dökün ve kısık ateşte 40 dakika pişirin. Tuz ekleyip tavuğu çıkarın.

Sosu blenderdan geçirip tekrar tencereye alın. Tavukları ve çikolatayı ekleyip çikolata eriyene kadar karıştırın. Lezzetlerin karışması için 5 dakika daha pişirin.

KANDIRMAK

Kavrulmuş bademlerle bitirin. Acı biber veya kırmızı biber eklenmesi ona baharatlı bir dokunuş verir.

BİBER VE HARDAL VINAIGRETTE KUZU ŞİŞ

İÇİNDEKİLER

350 gr kuzu

2 yemek kaşığı sirke

1 seviye yemek kaşığı kırmızı biber

1 seviye yemek kaşığı hardal

1 seviye yemek kaşığı şeker

1 tepsi kiraz domates

1 yeşil biber

1 kırmızı biber

1 küçük taze soğan

1 soğan

5 yemek kaşığı zeytinyağı

tuz ve biber

detaylandırma

Taze soğan dışındaki sebzeleri temizleyip orta büyüklükte kareler halinde kesin. Kuzu eşit büyüklükte küpler halinde kesin. Şişleri birleştirin ve bir parça et ve bir parça sebze koyun. Mevsim. Çok sıcak bir tavada az miktarda yağla her iki tarafını da 1-2 dakika kızartın.

Ayrı olarak hardal, kırmızı biber, şeker, yağ, sirke ve doğranmış frenk soğanını bir kapta karıştırın. Tuzla tatlandırın ve emülsifiye edin.

Taze hazırlanmış şişleri biraz kırmızı biber sosuyla servis edin.

KANDIRMAK

Ayrıca salata sosuna 1 yemek kaşığı köri ve biraz limon kabuğu rendesi de ekleyebilirsiniz.

Porto şarabı ile doldurulmuş dana yüzgeci

İÇİNDEKİLER

1 kg dana yüzgeci (doldurmak için kitapta açın)

350 gr kıyılmış domuz eti

1kg havuç

1 kg soğan

100 gr çam fıstığı

1 küçük kutu piquillo biberi

1 kutu siyah zeytin

1 paket pastırma

1 diş sarımsak

2 adet defne yaprağı

Porto şarabı

Et çorbası

zeytin yağı

Tuz ve karabiber

detaylandırma

Yüzgecin her iki tarafını da baharatlayın. Domuz eti, çam fıstığı, doğranmış biber, dörde bölünmüş zeytin ve şeritler halinde kesilmiş pastırma ile doldurun. Rulo yapın ve bir ağa yerleştirin veya dizgin ipliği ile bağlayın. Çok yüksek ateşte kızartın, çıkarın ve ayırın.

Havuçları, soğanları ve sarımsakları brunoise şeklinde doğrayın ve dana etinin kızartıldığı yağda kızartın. Yüzgeci tekrar takın. Her şey kaplanana kadar bir miktar porto şarabı ve et suyuyla yıkayın. 8 adet karabiber ve defne yaprağını ekleyin. Kapağını kapatıp kısık ateşte 40 dakika pişirin. Her 10 dakikada bir çevirin. Et yumuşayınca çıkarın ve sosu püre haline getirin.

KANDIRMAK

Porto şarabı başka bir şarap veya şampanya ile değiştirilebilir.

MADRILEÑA İÇİN KÖFTE

İÇİNDEKİLER

1 kg kıyma

500 gr kıyılmış domuz eti

500 gr olgun domates

150 gr soğan

100 gr mantar

1 lt et suyu (veya su)

2 dl beyaz şarap

2 yemek kaşığı taze maydanoz

2 yemek kaşığı galeta unu

1 yemek kaşığı un

3 diş sarımsak

2 havuç

1 defne yaprağı

1 yumurta

Şeker

zeytin yağı

tuz ve biber

İki tür eti, doğranmış maydanoz, 2 diş doğranmış sarımsak, galeta unu, yumurta, tuz ve karabiberle karıştırın. Toplar haline getirin ve bir tavada kızartın. Kaldırın ve rezerve edin.

Aynı yağda soğanı diğer sarımsakla birlikte kavurun, unu ekleyip kavurun. Domatesleri ekleyin ve 5 dakika daha haşlayın. Şarapla yıkayın ve 10 dakika daha pişirin. Et suyunu ekleyip 5 dakika daha pişirin. Tuz ve şekeri ezip düzeltin. Köfteleri sosun içinde defne yaprağıyla birlikte 10 dakika kadar pişirin.

Havuçları ve mantarları ayrı ayrı temizleyin, soyun ve doğrayın. Az yağda 2 dakika kavurup köfte harcına ekleyin.

KANDIRMAK

Köfte karışımını daha lezzetli hale getirmek için 150 gr doğranmış taze İber pastırmasını ekleyin. Topları yaparken, daha sulu olmaları için çok fazla bastırmamak daha iyidir.

ÇİKOLATALI DANA PEYNİR

İÇİNDEKİLER

8 dana yanağı

½ litre kırmızı şarap

6 ons çikolata

2 diş sarımsak

2 domates

2 pırasa

1 sap kereviz

1 havuç

1 soğan

1 dal biberiye

1 dal kekik

Un

et suyu (veya su)

zeytin yağı

tuz ve biber

detaylandırma

Yanakları baharatlayıp çok sıcak bir tencerede kızartın. Kaldırın ve rezerve edin.

Sebzeleri brunoise şeklinde doğrayın ve yanakların kızartıldığı aynı tencerede kızartın.

Sebzeler yumuşayınca rendelenmiş domatesleri ekleyip suyunu çekene kadar pişirin. Şarap ve aromatik bitkileri ekleyin ve 5 dakika pişirin. Üzerini kapatana kadar pişirin ve et suyunu ekleyin.

Yanaklar iyice yumuşayana kadar pişirin, tadına göre çikolata ekleyin, karıştırın ve tuz ve karabiberle tatlandırın.

KANDIRMAK

Sos, bütün sebze parçalarıyla birlikte doğranabilir veya bırakılabilir.

TATLI ŞARAP SOSLU DOMUZLU KONFİT BÖREK

½ doğranmış süt domuzu

1 bardak tatlı şarap

2 dal biberiye

2 dal kekik

4 diş sarımsak

1 küçük havuç

1 küçük soğan

1 domates

hafif zeytinyağı

Kaba tuz

detaylandırma

Emziren domuzu bir tepsiye yayın ve her iki tarafını da tuzlayın. Ezilmiş sarımsağı ve baharatları ekleyin. Üzerini yağla kaplayın ve 100°C'de 5 saat kızartın. Daha sonra ısınmasına izin verin ve etini ve derisini çıkararak kemiğini çıkarın.

Fırın tepsisine pişirme kağıdını yerleştirin. Emziren domuz etini bölün ve üzerine süt domuzu derisini (en az 2 parmak yüksekliğinde) yerleştirin. Üzerine başka bir pişirme kağıdı koyun ve üzerine biraz ağırlık koyarak buzdolabına koyun.

Bu arada koyu bir et suyu hazırlayın. Kemikleri ve sebzeleri orta parçalar halinde kesin. Kemikleri 185°C'de 35 dakika kızartın, sebzeleri yanlara dizin ve 25 dakika daha kızartın. Fırından çıkarın ve şarapla gezdirin. Her şeyi bir tencereye koyun ve üzerini soğuk suyla örtün. Çok kısık ateşte 2 saat pişirin. Biraz kalınlaşana kadar süzün ve tekrar ısıtın. Yağını gidermek.

Pastayı porsiyonlara bölün ve sıcak bir tavada deri tarafıyla çıtır çıtır olana kadar kızartın. 180°C'de 3 dakika pişirin.

KANDIRMAK

Zor olmaktan ziyade ayrıntılı bir yemek ama sonuç muhteşem. Sonunda bozulmasını önlemenin tek yolu, sosu etin üstünde değil yanında servis etmektir.

MARC'A TAVŞANLAR

1 tavşan doğranmış

80g badem

1 litre tavuk suyu

400 ml posası

200ml krema

1 dal biberiye

1 dal kekik

2 soğan

2 diş sarımsak

1 havuç

10 safran ipliği

tuz ve biber

detaylandırma

Tavşanı doğrayın, baharatlayın ve kızartın. Kalkış ve rezervasyon yapın.

Aynı yağda küçük parçalar halinde kesilmiş havuç, soğan ve sarımsakları kızartın. Safran ve bademleri ekleyip 1 dakika pişirin.

Isıyı arttırın ve prina ile yıkayın. Flambé Tavşanı tekrar ekleyin ve et suyuyla kaplayın. Kekik ve biberiye dallarını ekleyin.

Tavşan yumuşayana kadar yaklaşık 30 dakika pişirin ve kremayı ekleyin. 5 dakika daha pişirin ve tuzlayın.

Flambéing, bir ruhun alkolünü yakmak anlamına gelir. Davlumbazın kapalı olduğundan emin olun.

PEPITORIA FINDIK SOSLU KÖFTE

İÇİNDEKİLER

750 gr kıyma

750 gr kıyılmış domuz eti

250 gr soğan

60g fındık

25 gr kızarmış ekmek

½ litre tavuk suyu

¼ litre beyaz şarap

10 safran ipliği

2 yemek kaşığı taze maydanoz

2 yemek kaşığı galeta unu

4 diş sarımsak

2 adet haşlanmış yumurta

1 taze yumurta

2 adet defne yaprağı

150g zeytinyağı

tuz ve biber

Eti, kıyılmış maydanozu, doğranmış sarımsağı, galeta ununu, yumurtayı, tuzu ve karabiberi bir kapta karıştırın. Un ve orta-yüksek ateşte bir tencerede kızartın. Kalkış ve rezervasyon yapın.

Aynı yağda, küçük küpler halinde kesilmiş soğanı ve diğer iki diş sarımsağı kısık ateşte kızartın. Şarabı dökün ve kaynamaya bırakın. Et suyunu ekleyip 15 dakika pişirin. Köfteleri defne yapraklarıyla birlikte sosa ekleyip 15 dakika daha pişirin.

Safranı ayrı ayrı kavurup, kızarmış ekmek, fındık ve yumurta sarısıyla birlikte havanda homojen bir macun oluşana kadar ezin. Güveçte ekleyin ve 5 dakika daha pişirin.

KANDIRMAK

Kıyılmış yumurta akı ve biraz maydanozla servis yapın.

Siyah bira ile dana şinitzel

İÇİNDEKİLER

4 dana biftek

125 gr şitake mantarı

1/3 litre siyah bira

1 dl et suyu

1dl krem

1 havuç

1 adet taze soğan

1 domates

1 dal kekik

1 dal biberiye

Un

zeytin yağı

tuz ve biber

detaylandırma

Filetoları baharatlayın ve unlayın. Az yağ koyduğunuz tavada hafifçe kızartın. Kaldırın ve rezerve edin.

Aynı yağda doğranmış taze soğanları ve havuçları kızartın. Haşlandığında rendelenmiş domatesi ekleyin ve sos neredeyse kuruyana kadar pişirin.

Birayla banyo yapın, orta ateşte 5 dakika alkolün buharlaşmasına izin verin ve et suyunu, otları ve filetoyu ekleyin. 15 dakika veya yumuşayana kadar pişirin.

Filetolanmış mantarları yüksek ateşte ayrı ayrı kızartın ve güvece ekleyin. Doğru tuz.

KANDIRMAK

Filetolar çok uzun süre pişirilmemelidir, aksi takdirde çok sertleşirler.

Tripe A LA MADRILEÑA

1 kg temiz işkembe

2 domuz ayağı

25g un

1dl sirke

2 yemek kaşığı kırmızı biber

2 adet defne yaprağı

2 soğan (1 kıyılmış)

1 diş sarımsak

1 kırmızı biber

2 dl zeytinyağı

20 gr tuz

detaylandırma

İşkembe ve domuz ayaklarını soğuk su dolu bir tencerede haşlayın. Kaynamaya başladıktan sonra 5 dakika kadar pişirin.

Boşaltın ve temiz suyla değiştirin. Biberli soğanı, kırmızı biberi, diş sarımsağı ve defne yaprağını ekleyin. Gerekirse daha fazla su ekleyin ve kapağı kapalı olarak kısık ateşte 4 saat veya paçalar ve işkembeler yumuşayana kadar pişirin.

İşkembe hazır olunca biberli soğanı, defne yaprağını ve pul biberi çıkarın. Ayrıca paçaları çıkarın, kemiklerini çıkarın ve yaklaşık olarak işkembeyle aynı büyüklükte parçalar halinde kesin. Tencereye geri koyun.

Ayrı olarak brunoise doğranmış diğer soğanı kavurun, kırmızı biber ve 1
yemek kaşığı un ekleyin. Haşlandıktan sonra güvece ekleyin. 5 dakika pişirin,
tuzlayın ve gerekirse koyulaştırın.

KANDIRMAK

Bu tarif bir iki gün önceden yapıldığında daha lezzet katıyor. Ayrıca biraz
pişmiş nohut ekleyip bir tabak kaliteli baklagiller de alabilirsiniz.

ELMA VE NANE İLE KIZARTILMIŞ DOMUZ BÖLGESİ

İÇİNDEKİLER

800 gr taze domuz filetosu

500 gr elma

60g şeker

1 bardak beyaz şarap

1 bardak brendi

10 nane yaprağı

1 defne yaprağı

1 büyük soğan

1 havuç

zeytin yağı

tuz ve biber

detaylandırma

Filetoyu tuz ve karabiberle tatlandırıp yüksek ateşte kızartın. Kalkış ve rezervasyon yapın.

Temiz ve ince doğranmış soğanları ve havuçları bu yağda kızartın. Elmaları soyun ve çekirdeklerini çıkarın.

Her şeyi bir fırın tepsisine koyun, alkolle yıkayın ve defne yaprağını ekleyin. 185°C'de 90 dakika pişirin.

Elmaları ve sebzeleri çıkarın ve şeker ve nane ile karıştırın. Filetoyu fileto haline getirin ve üzerine pişirme suyunu dökün ve elma kompostosuyla servis yapın.

KANDIRMAK

Böreğin kurumasını önlemek için pişirme sırasında tepsiye biraz su ekleyin.

Ahududu Soslu TAVUK KÖFTE

Köfte için

1 kg. kıyılmış tavuk eti

1dl süt

2 yemek kaşığı galeta unu

2 yumurta

1 diş sarımsak

Şeri şarabı

Un

Kıyılmış maydanoz

zeytin yağı

tuz ve biber

Ahududu sosu için

200 gr ahududu reçeli

½ litre tavuk suyu

1 ½ dl beyaz şarap

½ dl soya sosu

1 domates

2 havuç

1 diş sarımsak

1 soğan

Tuz

Köfte için

Eti galeta unu, süt, yumurta, ince kıyılmış sarımsak, maydanoz ve bir miktar şarapla karıştırın. Tuz ve karabiberle tatlandırıp 15 dakika dinlendirin.

Karışımdan küçük toplar yapın ve unla kaplayın. Biraz çiğ bırakmaya çalışarak yağda kızartın. Yağı saklayın.

Tatlı ve ekşi ahududu sosu için

Soğanı, sarımsağı ve havuçları soyun ve küçük küpler halinde kesin. Köftelerin kızartıldığı yağda kızartın. Bir tutam tuzla tatlandırın. Kabuğu ve çekirdeği çıkarılmış doğranmış domatesi ekleyin ve suyu buharlaşana kadar haşlayın.

Şarapla yıkayın ve yarı yarıya azalıncaya kadar pişirin. Soya sosunu ve et suyunu ekleyip sos koyulaşana kadar 20 dakika daha pişirin. Reçeli ve köfteleri ekleyip 10 dakika daha pişirin.

KANDIRMAK

Ahududu reçeli başka herhangi bir kırmızı meyve ve hatta reçel ile değiştirilebilir.

KUZU GÜVEÇ

1 kuzu budu

1 büyük bardak kırmızı şarap

½ su bardağı ezilmiş domates (veya 2 adet rendelenmiş domates)

1 yemek kaşığı tatlı kırmızı biber

2 büyük patates

1 yeşil biber

1 kırmızı biber

1 soğan

et suyu (veya su)

zeytin yağı

tuz ve biber

detaylandırma

Bacağını doğrayın, baharatlayın ve çok sıcak bir tencerede kızartın. Kaldırın ve rezerve edin.

Biber ve soğan küplerini aynı yağda kızartın. Sebzeler iyice kavrulunca bir yemek kaşığı biber ve domatesi ekleyin. Domates suyunu çekene kadar yüksek ateşte pişirmeye devam edin. Daha sonra kuzu eti tekrar ekleyin.

Şarabı dökün ve kaynamaya bırakın. Et suyuyla kaplayın.

Kuzu yumuşayınca önbellek patateslerini (dilimlenmemiş) ekleyin ve patatesler pişene kadar pişirin. Tuz ve karabiberi düzeltin.

Daha da lezzetli bir sos için 4 adet piquillo biberi ve 1 diş sarımsağı ayrı ayrı kızartın. Güveçteki et suyunun bir kısmıyla karıştırıp güvece ekleyin.

Tavşan misk kedisi

1 tavşan

250 gr mantar

250 gr havuç

250 gr soğan

100 gr pastırma

¼ litre kırmızı şarap

3 yemek kaşığı domates sosu

2 diş sarımsak

2 dal kekik

2 adet defne yaprağı

et suyu (veya su)

zeytin yağı

tuz ve biber

detaylandırma

Tavşanı kesin ve havuç, sarımsak ve küçük parçalar halinde doğranmış soğan, şarap, 1 dal kekik ve 1 defne yaprağında 24 saat marine edin. Süre dolduktan sonra süzün ve bir yandan şarabı, diğer yandan sebzeleri ayırın.

Tavşanı tuz ve karabiberle tatlandırın, yüksek ateşte kızartın ve çıkarın. Sebzeleri aynı yağda orta ateşte kızartın. Domates sosunu ekleyip 3 dakika kavurun. Tavşanı geri koy. Et kaplanana kadar şarap ve et suyunu dökün.

Diğer kekik dalını ve diğer defne yaprağını ekleyin. Tavşan yumuşayana kadar pişirin.

Bu arada rendelenmiş pastırmayı ve dörde bölünmüş mantarları kızartın ve güveçte ekleyin. Ayrı olarak tavşan ciğerini de havanda ezip ekleyin. 10 dakika daha pişirin ve tuz ve karabiberle tatlandırın.

KANDIRMAK

Bu yemek herhangi bir yabani hayvanla yapılabilir ve bir gün önce yapılırsa tadı daha da güzel olur.

PIPERRADA'LI TAVŞANLAR

1 tavşan

2 büyük domates

2 soğan

1 yeşil biber

1 diş sarımsak

Şeker

zeytin yağı

tuz ve biber

detaylandırma

Tavşanı doğrayın, baharatlayın ve güveçte kızartın. Kalkış ve rezervasyon yapın.

Soğanları, biberleri ve sarımsakları küçük parçalar halinde kesin ve tavşanın hazırlandığı yağda 15 dakika kısık ateşte kızartın.

Brunoise dilimlenmiş domatesleri ekleyip orta ateşte suyunu çekene kadar pişirin. Gerekirse tuzunu ve şekerini ayarlayın.

Tavşanı ekleyin, ısıyı azaltın ve üstü kapalı olarak 15 ila 20 dakika ara sıra karıştırarak pişirin.

KANDIRMAK

Piperrada'ya kabak veya patlıcan eklenebilir.

Köri soslu peynir dolgulu tavuk köfte

500 gr kıyılmış tavuk

150 gr peyniri küp şeklinde kesin

100 gr ekmek kırıntısı

200ml krema

1 bardak tavuk suyu

2 yemek kaşığı köri

½ yemek kaşığı galeta unu

30 kuru üzüm

1 yeşil biber

1 havuç

1 soğan

1 yumurta

1 limon

süt

Un

zeytin yağı

Tuz

Tavuğu baharatlayın ve galeta unu, yumurta, 1 yemek kaşığı köri ve süte batırılmış galeta unu ile karıştırın. Toplar oluşturun, bir küp peynirle doldurun ve unla kaplayın. Kızartın ve saklayın.

Aynı yağda küçük parçalar halinde doğranmış soğan, biber ve havuçları kızartın. Limon kabuğu rendesini ekleyip birkaç dakika pişirin. Diğer çorba kaşığı köri, kuru üzüm ve tavuk suyunu ekleyin. Krema kaynamaya başladıktan sonra kremayı ekleyip 20 dakika pişirin. Doğru tuz.

KANDIRMAK

Bu köftelere ideal bir eşlik eden, dörde bölünmüş mantarlardır, küçük parçalar halinde kesilmiş birkaç diş sarımsakla sotelenir ve iyi bir porsiyon Porto veya Pedro Ximénez şarabıyla tatlandırılır.

Kırmızı şarapta domuz yanakları

İÇİNDEKİLER

12 domuz yanağı

½ litre kırmızı şarap

2 diş sarımsak

2 pırasa

1 kırmızı biber

1 havuç

1 soğan

Un

et suyu (veya su)

zeytin yağı

tuz ve biber

detaylandırma

Yanakları baharatlayıp çok sıcak bir tencerede kızartın. Kaldırın ve rezerve edin.

Sebzeleri bronoise doğrayın ve domuz etinin kızartıldığı yağda kızartın. İyice haşlandığında şarabı ekleyin ve 5 dakika pişirin. Yanakları ve et suyunu üzerini kapatacak şekilde ekleyin.

Yanaklar iyice yumuşayana kadar pişirin ve sebze parçası kalmasını istemiyorsanız sosu püre haline getirin.

Domuz yanaklarının hazırlanması, sığır yanaklarından çok daha az zaman alır. Sosun içerisine en son bir gram çikolata eklenirse farklı bir tat ortaya çıkar.

DOMUZ İPEK NAVARRA

2 adet doğranmış kuzu budu

50 gr domuz yağı

1 çay kaşığı kırmızı biber

1 yemek kaşığı sirke

2 diş sarımsak

1 soğan

zeytin yağı

tuz ve biber

detaylandırma

Kuzu bacaklarını parçalara ayırın. Tuz ve karabiber ekleyip bir tencerede yüksek ateşte kızartın. Kaldırın ve rezerve edin.

İnce doğranmış soğanı ve sarımsağı aynı yağda kısık ateşte 8 dakika kavurun. Biberleri ekleyin ve 5 saniye daha soteleyin. Kuzu ekleyin ve üzerini suyla kaplayın.

Sos azalıncaya ve etler yumuşayana kadar pişirin. Sirkeyle nemlendirin ve kaynatın.

KANDIRMAK

İlk kızarma, meyve sularının akmasını önleyeceği için önemlidir. Ayrıca çıtır bir tat sağlar ve lezzeti artırır.

Fıstık soslu kızarmış dana eti

750 gr kan sosisi eti

250 gr fıstık

2 lt et suyu

1 bardak krema

½ bardak brendi

2 yemek kaşığı domates sosu

1 dal kekik

1 dal biberiye

4 patates

2 havuç

1 soğan

1 diş sarımsak

zeytin yağı

tuz ve biber

detaylandırma

Siyah muhallebiyi doğrayın, baharatlayın ve yüksek ateşte kızartın. Kaldırın ve rezerve edin.

Küçük küpler halinde doğradığınız soğanı, sarımsağı ve havuçları aynı yağda kısık ateşte kızartın. Isıyı arttırın ve domates sosunu ekleyin. Tüm su kaybolana kadar azalmasına izin verin. Brendi ile sulayın ve alkolün buharlaşmasına izin verin. Eti tekrar ekleyin.

Fıstıkları et suyuyla iyice ezin ve aromatik bitkilerle birlikte güvece ekleyin. Et neredeyse yumuşayana kadar kısık ateşte pişirin.

Daha sonra soyulmuş ve eşit kareler halinde kesilmiş patatesleri ve kremayı ekleyin. 10 dakika pişirin ve tuz ve karabiberle tatlandırın. Servis yapmadan önce 15 dakika dinlendirin.

KANDIRMAK

Bu et yemeği pirinç pilavı ile servis edilebilir (bkz. Pilav ve Erişte bölümü).

DOMUZ KIZARTMA

1 yavru domuz

2 yemek kaşığı domuz yağı

Tuz

detaylandırma

Yanmalarını önlemek için kulakları ve kuyruğu alüminyum folyo ile kaplayın.

İki tahta kaşığı bir fırın tepsisine yerleştirin ve yavru domuzu yüzü yukarı bakacak şekilde üstüne yerleştirin. Kabın tabanına temas ettiğinden emin olun. 2 yemek kaşığı su ekleyip 180°C'de 2 saat pişirin.

Tuzu 4 dl suda eritin ve her 10 dakikada bir yavru domuzun içini boyayın. Bir saat sonra ters çevirin ve süre dolana kadar su ve tuzla boyamaya devam edin.

Tereyağını eritin ve cildi bununla fırçalayın. Fırını 200°C'ye yükseltin ve 30 dakika daha veya derisi altın kahverengi ve gevrek oluncaya kadar kızartın.

KANDIRMAK

Suyu kabuğun üzerine yaymayın; bu onun asıl özelliğini kaybetmesine neden olur. Sosu kasenin dibinde servis edin.

Lahana ile kavrulmuş incik

4 eklem

½ lahana

3 diş sarımsak

zeytin yağı

tuz ve biber

detaylandırma

Sapları kaynar suyla örtün ve 2 saat veya tamamen yumuşayana kadar pişirin.

Sudan çıkarın ve bir miktar yağ ile 220°C'de altın rengi oluncaya kadar kızartın. Mevsim.

Lahanayı ince şeritler halinde kesin. Bol kaynar suda 15 dakika kadar pişirin. boşaltmak.

Bu sırada dilimlenmiş sarımsağı az yağda kavurun, lahanayı ekleyip kavurun. Tuz ve karabiber serpin ve kızartılmış paçalarla birlikte servis yapın.

KANDIRMAK

Boğumlar çok sıcak bir tavada da hazırlanabilir. Her tarafını iyice kızartın.

TAVŞAN CACCIATORE

İÇİNDEKİLER

1 tavşan

300 gr mantar

2 bardak tavuk suyu

1 bardak beyaz şarap

1 dal taze kekik

1 defne yaprağı

2 diş sarımsak

1 soğan

1 domates

zeytin yağı

tuz ve biber

detaylandırma

Tavşanı doğrayın, baharatlayın ve yüksek ateşte kızartın. Kaldırın ve rezerve edin.

Küçük parçalar halinde doğradığınız soğanları ve sarımsakları aynı yağda kısık ateşte 5 dakika kadar kavurun. Ateşi arttırıp rendelenmiş domatesi ekleyin. Suyu kalmayana kadar pişirin.

Tavşanı tekrar içeri atın ve onu şarapla yıkayın. Azaltılmasına izin verin ve sos neredeyse kuru olsun. Et suyunu ekleyin ve aromatik bitkilerle birlikte 25 dakika veya et yumuşayana kadar pişirin.

Bu arada temizlenmiş ve dilimlenmiş mantarları kızgın tavada 2 dakika kadar kızartın. Tuzla tatlandırın ve güveçte ekleyin. 2 dakika daha pişirin ve gerekirse tuz ekleyin.

KANDIRMAK

Aynı tarifi tavuk veya hindi ile de yapabilirsiniz.

Sığır kılıfı A LA MADRİLEÑA

İÇİNDEKİLER

4 dana biftek

1 yemek kaşığı taze maydanoz

2 diş sarımsak

Un, yumurta ve galeta unu (fırçalamak için)

zeytin yağı

tuz ve biber

detaylandırma

Maydanozu ve sarımsağı ince ince kıyın. Bunları bir kapta birleştirip galeta ununu ekleyin. Kaldırmak.

Filetoları tuz ve karabiberle tatlandırın ve un, çırpılmış yumurta ve galeta unu, sarımsak ve maydanoz karışımından geçirin.

Panelerin iyice yapışması için elinizle bastırın ve bol kızgın yağda 15 saniye kadar kızartın.

KANDIRMAK

Lifleri parçalamak ve eti yumuşatmak için filetoları bir çekiçle ezin.

Mantarlı kızarmış tavşan

İÇİNDEKİLER

1 tavşan

250 gr mevsim mantarı

50 gr domuz yağı

200g pastırma

45g badem

600 ml tavuk suyu

1 bardak şeri şarabı

1 havuç

1 domates

1 soğan

1 diş sarımsak

1 dal kekik

tuz ve biber

detaylandırma

Tavşanı doğrayın ve baharatlayın. Şeritler halinde kesilmiş pastırma ile birlikte yüksek ateşte tereyağında kızartın. Kaldırın ve rezerve edin.

Aynı yağda küçük parçalar halinde kesilmiş soğan, havuç ve sarımsakları kızartın. Doğranmış mantarları ekleyip 2 dakika pişirin. Rendelenmiş domatesi ekleyip suyunu çekene kadar pişirin.

Tavşan etini ve pastırmayı tekrar ekleyin ve şarapla yıkayın. Azaltılmasına izin verin ve sos neredeyse kuru olsun. Et suyunu ekleyin ve kekiği ekleyin. Kısık ateşte 25 dakika veya tavşan yumuşayana kadar pişirin. Bademlerle tamamlayın ve tuzlayın.

KANDIRMAK

Kurutulmuş shiitake mantarları kullanılabilir. Çok fazla lezzet ve aroma katıyorlar.

BEYAZ ŞARAP VE BALLI İBERYA DOMUZ KABURGA

İÇİNDEKİLER

1 İberya domuz kaburgası

1 bardak beyaz şarap

2 yemek kaşığı bal

1 yemek kaşığı tatlı kırmızı biber

1 yemek kaşığı kıyılmış biberiye

1 yemek kaşığı kıyılmış kekik

1 diş sarımsak

zeytin yağı

tuz ve biber

detaylandırma

Bir kaseye baharatları, rendelenmiş sarımsağı, balı ve tuzu koyun. ½ küçük bardak yağ ekleyin ve karıştırın. Kaburgayı bu karışımla fırçalayın.

Etli tarafı alta gelecek şekilde 200°C'de 30 dakika kızartın. Çevirin, üzerine şarap dökün ve kaburgalar altın rengi kahverengi ve yumuşak oluncaya kadar 30 dakika daha pişirin.

Aromaların kaburgalara daha iyi nüfuz etmesi için etin bir gün önceden marine edilmesi daha iyidir.

ATIŞTIRMALIK SÜT

İÇİNDEKİLER

175g şeker

1 litre süt

1 limon kabuğu

1 tarçın çubuğu

3 veya 4 yumurta akı

Toz tarçın

detaylandırma

Sütü tarçın çubuğu ve limon kabuğuyla birlikte kısık ateşte kaynamaya başlayıncaya kadar ısıtın. Hemen şekeri ekleyin ve 5 dakika daha pişirin. Rezerve edin ve buzdolabında soğumaya bırakın.

Soğuyunca yumurta aklarını sertleşinceye kadar çırpın ve sarma hareketleriyle süte ekleyin. Öğütülmüş tarçınla servis yapın.

KANDIRMAK

Rakipsiz bir granita elde etmek için, dondurucuda saklayın ve tamamen donuncaya kadar her saat başı çatalla kazıyın.

kedi dilleri

İÇİNDEKİLER

350 gr gevşek un

250 gr yumuşak tereyağı

250 gr pudra şekeri

5 yumurta akı

1 yumurta

Vanilya

Tuz

detaylandırma

Bir kaseye tereyağını, pudra şekerini, bir tutam tuzu ve bir miktar vanilya esansını koyun. İyice karıştırıp yumurtayı ekleyin. Çırpmaya devam edin ve çırpmaya ara vermeden yumurta aklarını yavaş yavaş ekleyin. Unu çok fazla karıştırmadan bir kerede ekleyin.

Kremayı pürüzsüz ağızlı bir torbada saklayın ve yaklaşık 10 cm uzunluğunda şeritler oluşturun. Tabağı masaya vurarak hamurun yayılmasını sağlayın ve 200°C'de uçları altın rengi oluncaya kadar pişirin.

KANDIRMAK

Farklı kedi dilleri yapmak için hamura 1 yemek kaşığı hindistan cevizi tozu ekleyin.

TURUNCU KUPAKLAR

İÇİNDEKİLER

220g un

200 gr şeker

4 yumurta

1 küçük portakal

1 kimyasal maya hakkında

Toz tarçın

220 gr ayçiçek yağı

detaylandırma

Yumurtaları şeker, tarçın, lezzet ve portakal suyuyla karıştırın.

Yağı ekleyip karıştırın. Elenmiş un ve mayayı ekleyin. Bu karışımı 15 dakika dinlendirip kek kalıplarına dökün.

Fırını önceden 200°C'ye ısıtın ve pişene kadar 15 dakika pişirin.

KANDIRMAK

Hamurun içine çikolata incileri eklenebilir.

Port kavrulmuş elmalar

80 gr tereyağı (4 parça halinde)

8 yemek kaşığı porto şarabı

4 yemek kaşığı şeker

4 Pippin elması

detaylandırma

Elmaların çekirdeklerini çıkarın. Şekeri doldurun ve üzerine tereyağını ekleyin.

175°C'de 30 dakika pişirin. Bu sürenin sonunda her elmaya 2 yemek kaşığı porto şarabı serpin ve 15 dakika daha pişirin.

KANDIRMAK

Bir kepçe vanilyalı dondurma ile sıcak olarak servis yapın ve çıkan meyve suyunu gezdirin.